# 懐疑を讃えて

## 節度の政治学のために

ピーター・バーガー
アントン・ザイデルフェルト
森下伸也 訳

新曜社

Peter Berger, Anton Zijderveld

IN PRAISE OF DOUBT

How to Have Convictions Without Becoming a Fanatic

目次——懐疑を讃えて

装幀——虎尾　隆

# 謝辞

本書の構想は、現在はそこの上級研究員となっているピーター・バーガーが以前所長をつとめていたボストン大学文化・宗教・国際問題研究所のプロジェクトから生まれた。プロジェクトの名称は「相対主義とファンダメンタリズムのはざまで」。欧米の宗教研究者たちでひとつの国際的な作業グループをつくり、キリスト教またユダヤ教のさまざまな伝統的視点をふまえながら、そのような「中道的立場」の輪郭線を描こうとするものであった。このプロジェクトから生まれた幾多の論文は個々別々に刊行されることになっている。プロジェクトは〈相対主義／ファンダメンタリズム〉という二項対立をめぐる宗教的諸側面だけをあつかおうとするものであったが、それは道徳的にも政治的にも非常に重要な意味合いがあることを参加者たちはすぐに認識することになった。とりわけ、宗教的信仰には懐疑がともなう場合がある――つまりひとは確信を欠いたまま信仰をいだきうる――とする点で、プロジェクトの参加者はおおよそ一致していたが、一方で彼らは、たとえそうであっても人々は高度な確信をもって道徳的な判断をなしうるばかりか、現にそうしており、またそうした判断がしばしば政治的な結果をもたらしてきたということを認めざるをえなかった。だがいったい、宗教的な不確実感と道徳的確信とはどう共存しうるのだろう？　これは前述のプロジェクトの議題を超えた問題であり、それこそバーガーが「中道的立場」の宗教的側面と道徳的／政治的側面の両方に焦点を当てた本を書こうと決意した理由にほかならない。彼が作業グループのメンバーではなかったアントン・ザイデルフェルトに共著者となってくれるよう要請したのは、この問題についてだれか自分よりも豊富な哲学的知識を有する人間と一緒に仕事がしたかったからである（ザイデルフェルトは社会学と哲学の両方の博士号をもっている）。いずれの章も二人が協力して書いたものであるが、この共同作業は生産的であると同時に愉快なものであった。

著者としてはデーヴィッド・キエルスノフスキー氏に心から御礼申し上げたい。氏は本書のもとになったプロジェクトに惜しみなく資金を提供されたばかりでなく、二人の著者が本書のために、一度はアムステルダム、もう一度はボストンに集まって共同作業することを可能にして下さった。

Wenn wir die Zweifel nicht hätten,
Wo wäre dann frohe Gewissheit?
もし懐疑というものがなかったなら
喜びに満ちた確信はどこへ行くのだろうか？
——ゲーテ

# 第一章　近代の神々

間もなく二十世紀が幕を開けようというころ、ニーチェは情熱のこもった確信的口調で神の死を宣言した。それから百年あまりたった今日、この予言が妥当であったとするのはむずかしいように思われる。宇宙的現実において神が存在するかしないかは、ここでの問題ではない。またそれは経験科学が答えうる問題でもない。神は実験の対象たりえないのだから。けれども今日、経験的に認識できる人間生活の現実にあっては、人々から関心と忠誠心を得ようとして、とんでもない数の神々がせめぎあっている。ニーチェは自分が無神論の時代の始まりにいると思っていた。ところがいま、その反対に二十一世紀は多神教をその特徴としているように見える。あたかも古代の多くの神々がやる気満々で帰ってきたかの如くなのだ。

ラディカルな啓蒙思想家たち、とりわけフランスの思想家たちは上機嫌の期待感をもって宗教の消滅を予想した。宗教は、無数の迷信のみならず、途方もない残虐非道を生み出す誇大な幻想と考えられたのだ。プロテスタンティズムがヨーロッパで引き起こしたキリスト教会の分裂後に生じた宗教戦争を思えば、こうした見方にはたしかに一理ある。たとえば「破廉恥をやっつけろ」というヴォルテールの叫びはカトリック教会のみならず――彼の経験によればそれは一切の残虐非道の源泉であった――、宗教一般にあてはまる。プロテスタントたちは彼らの敵たるカトリックたちとまったく変わらぬ熱狂で異端者を迫害し、魔女を焚刑にした。それでもなおひとは分裂したキリスト教のほか、それ以上に魅力ある宗教的伝統を見出せなかったのである。

宗教を破壊する道具とされたのは、もちろん理性であった。理性の冷静な光のもと、宗教がもたらす幻想は雲散霧消するというわけだ。フランス革命の革命家たちがパリのマドレーヌ寺院で理性の女神に戴冠したとき、こうした期待は劇的に象徴化された。そうした啓蒙主義的信仰はフランス革命とともに終焉したのではなかった。じっさいそれは、姿かたちを変えながら今日まで生きている。十九世紀には、その信仰がとりわけ科学へと振り向けられた。理性は世界の理解だけでなく、ついには道徳的にすぐれた社会秩序を構築するための無謬の方法論を見出すであろうとされたのだ。言いかえるなら、啓蒙主義の哲学は経験主義の科学へと変容したわけである。この変容の預言者がオーギュスト・コントであり、その実証主義イデオロギーはヨーロッパの、またそれ以外の地域の知識人たちに多大な影響をあたえた（とくにラテン・アメリカがそうで、ブラジルの国旗には「秩序と進歩」というコント主義のスローガンがあしらわれている）。ちなみに、社会学という新しい科学を発明したのもコントであった。

その科学は、発展するにつれて、コントが思い描いていたのとは似ても似つかないものになり始めた。しだいにそれは、みずからを哲学の体系ではなく、経験的な根拠にもとづきながら、経験的な立証をおこなうべき科学と見なすようになったのだ。ふつう近代社会学の基礎を築いたとされるのは、カール・マルクス、エミール・デュルケム、マックス・ウェーバーという三人の思想家である。三人のあいだには大きな違いがあった。しかし、こと宗教となると、理由こそちがえ、近代という時代はそれに確実な衰退をもたらしつつあると、三人ともに信じていた。いずれも啓蒙主義の信奉者であったマルクスとデュルケムはそれを発展として歓迎した。一方、ウェーバーはメランコリックな諦観の念をもって凝視したのであった。

二十世紀に発展した宗教社会学において、近代と宗教の衰退というこの取り合わせは「世俗化論」として知られるようになった。この理論は、科学的知識の普及という理由で、また近代の諸制度が宗教的信仰の社会的土台を掘り崩すという理由から、近代という時代は必然的に世俗化へ導くと主張した(ここで世俗化とは、社会および個々人の精神における宗教の漸進的な衰退と理解される)。こうした見方は、宗教に対する何らかの哲学的な拒絶ではなく、その見方を支持すると思われる種々の経験的データにもとづくものであった(重要なことだが、そうしたデータの多くはヨーロッパ所産のものであった)。この理論が(ウェーバー流の言葉をつかうなら)「価値自由」なものであったことも強調しておかなければならない。すなわちその理論は、そのことを歓迎する人々、遺憾とする人々、両者に共有されえたのだ。そのため二十世紀の非常に多くのキリスト教神学者たちは、この世俗化なる過程がまことに気分の悪いものであるにもかかわらず、それを学問的に立証され、それゆえ教会も個々の信者もあきらめて受け容れるほかない事実としてとらえた。そしてなかには、わずかではあるが、それをまるごと取り込む方法を考えた神学者さえいたのである（たとえば一九六〇年代に少しのあいだ流行した「神の死の神学」の提唱者たちがそれである――「犬が人をではなく、人が犬を咬む」あざやかな一例）。

## 世界における世俗化の現状やいかに？

第二次世界大戦後の数十年間に起きた出来事によって世俗化論は徹底的に反証されてきた、と言っていい（もちろん、だからこそ、ごくわずかな頑固者をのぞいて、ほとんどの宗教社会学者が世俗化論に関する考えを変えてきているわけだが）。現代の世界を広く見渡すとき、目にするのは世俗化ではなく、情熱に満ちたさまざまな宗教運動の途方もない爆発である。言わずもがなの理由によって、注意をひいてきたのはたいていイスラムの復興であった。だが、注意を喚起するそうした好戦的な聖戦の唱道者は、はるかに巨大な現象の（非常に厄介ではあるが）微々たる一構成要素にすぎない。広大なイスラム世界のいたるところで――北アフリカから東南アジアまで、はたまた西欧に散在するイスラム移民居住地域のなかで――、何百万という数の人々がイスラムに人生の意味と方向を期待している。そしてたいていこの現象は、ほとんど政治と関係がないのだ。

福音派プロテスタンティズム――とりわけペンテコステ派のそれ――のグローバルな拡大は、おそらくこれよりも見ごたえのある発展であろう。一九〇六年にロサンジェルスで、火を噴くような説教で急速に超人種的会衆を形成したひとりのカリスマ的な黒人説教師に率いられて、ひとつの信仰復興運動が生まれた――いわゆる「アズーサ街リバイバル」（Azusa Street Revival）である。まもなくこの会衆のメンバーは「異言」（これこそペンテコステ派の典型的なしるしである）を語り始めた。アズーサの宣教師がアメリカ中に、また海外に広がることによって、ペンテコステ派は現在なお成長途上にあるアメリカの数多くの宗派を誕生させた。だが、グローバルなペンテコステ派の最も劇的な爆発は第二次世界大戦後に起きた――ラテン・アメリカで、アフリカで、そしてアジアのあちこちの地域で。今日ではペンテコステ派の信者は世界中に約四億人いると見られている。これは間違いなく歴史上最も急速な宗教運動の発展である。ペンテコステ派諸教会固有の成長にくわえて、ペンテコステ化と呼ばれてきたものがある――すなわち、さまざまなプロテスタント系の教会、さらにはカトリック教会にまでおよぶ、カリスマ的な「異言」や治療その他の「魂の賜物」の成長である。そのうえ、ペンテコステ派はグローバルに広がってきた福音派プロテスタンティズムの唯一の形態というわけでもない。活発に活動している福音派の宣教師は世界中に約十万人いると見られている――多くはアメリカ合衆国だが、そのほかラテン・アメリカ、アフリカ、韓国など、世界中いたるところに。さらに、「大衆プロテスタンティズム」などというもっと広範なカテゴリーもある――すなわち、一般にはプロテスタントとは認められていないが、その宗教的・社会的特徴がプロテスタント的な風合いをもつ集団である。そのうち最も繁栄しているのがモルモン教で、これも世界の多くの開発途上社会で急速に成長してきている。

カトリック教会（世界で最古のグローバル組織であろう）は本拠地たるヨーロッパで窮地にあるとはいえ、世界のそれ以外の地域ではなおまだ意気盛んである。宗教改革に起源をもつ諸教派のいくつかにも同じことが言える――とくに英国国教会系教会がそうで、イギリスではまるでひとが寄りつかなくなってきているが、アフリカではたいそううまくいっている。東方正教会もまた、とりわけロシアでは、共産主義体制による迫害のあと、まぎれもない復活を経験しつつある。

じっさい、同じことは他の主要な宗教的伝統のすべてにあてはまると言っていい。正統派ユダヤ教はアメリカ合衆国でもイスラエルでも勢力を伸ばしている。ヒンドゥー教も復興し、インド国家を世俗的に定義することに抵抗を示すようになっている。強力な仏教復興運動もあり、そのなかには西欧諸国で伝道活動を展開しているものもある。日本にも数多くの宗教運動があり、そのうちいくつかは仏教とキリスト教と神道の接合を示している。宗教体系であると同時に倫理体系でもある儒教は、中国また華僑世界で再発見の対象となってきた。

猛烈に宗教的な世界というこの構図には、二つの例外がある。ひとつは地理的なものだ――すなわち西欧また中欧がそれで、これは世俗化論が世界で唯一もっともらしく見える重要地域である。もうひとつは社会学的なものだ――知識人という、少数ではあるが大きな影響力をもつ階級がそれで、グローバルな世俗主義をじっさいに体現しているのは彼らである。なぜこうした例外が生じるのか、その理由をここで究明することはできない。しかしながら、安易な一般化を避けるために、両ケースとも事態はきわめて複雑であることを強調しておく必要がある。西欧では、教会志向的な宗教性は（カトリックでもプロテスタンティズムでも）大変に衰退したけれども、多種多様なニューエイジ的霊性から諸々のカリスマ運動まで、教会外ではありとあらゆる種類の宗教活動が見られる。さらにまた、中世初期のヨーロッパで何百年にもわたって強烈な存在感を示したイスラムの復活せる存在感は、大いなる自慢の種であった「ヨーロッパ的諸価値」のユダヤ-キリスト教的ルーツをめぐる論争の復活をもたらしている。一方、世俗的な知識人についていえば、ことに非西欧世界では、まさしくこの階層において、非常な宗教的復興が見られたのであった。たとえば、あれこれの好戦的な宗教運動の信奉者だと突然公言する人々は、往々にして高度に脱宗教的な知識人の子弟だったりするのである。

まとめておこう。近代という時代は宗教の衰退を必然的にもたらすと、説得力をもって主張することは不可能である。ラディカルな啓蒙主義の後裔たち（いまでもわずかにいる）なら、もたらすはずだと感じるであろう。だが、残念なことにそうでない。では、近代が（スウェーデンとデリー大学の教授クラブは別にして）必ずしも世俗化をもたらすわけではないとしたら、それは信仰と価値観の領域で何をもたらすのであろうか。われわれの考えでは、答えははっきりしている。それは多元性をもたらす。

# 多元性とは何か。それは個人と社会にとって何を意味するか？

われわれは「多元性」という言葉で、（民族的、宗教的、その他何であれ異なった）多様な人間集団が市民的平和という条件のもと、たがいに社会的相互作用しながらともに生活している状況を意味することにしよう。そのような状況をもたらす過程を、われわれは「多元化」と呼ぶことにしたい。したがって、われわれのここでの命題は簡潔にこう述べることができる。近代は多元化をもたらす、と。

この定義はいたって単純であるが、それが言わんとする事態の経験的状態は高度に複雑である。その分析を試みるまえに、術語上の注意点をひとつ。われわれが「多元性」（plurality）と呼んでいる状況は、より一般的には「多元主義」（pluralism）と呼ばれている。われわれはこの言葉の使用をひかえたいと思う。というのも、「主義」（ism）という接尾辞は（われわれがここで論じようとしているような）経験的に確かめうる社会的現実よりはむしろイデオロギーを連想させるものだからである。そしてじっさい、「多元主義」という言葉が最初に登場したのもイデオロギーとしてであった。われわれの知るかぎり、この言葉は一九二〇年代にアメリカの教育家ホレス・カレンによってつくられたもので、アメリカ社会の多様性を賛美しようとする意図をもったものであった。「多元性」と「多元主義」の違いを次のようにご理解願いたい。すなわち、「多元性」が社会的現実

（その現実を歓迎するひともいれば厭うひともいよう）に言及するものであるのに対し、「多元主義」は可能性としては本格的な哲学にまで拡張しうるような、そうした現実を歓迎する態度のことである、と。この術語の明確化は、われわれの命題とさきにしりぞけておいた命題――近代は世俗化をもたらすとする命題――との違いを際立たせるうえで有効である。また、「脱宗教性」（secularity）とそれをもたらす「世俗化」（secularization）の過程も、――多元性と同様に――それを歓迎するひともいれば厭うひともいようが、どちらにせよ経験的な調査が可能な、それゆえ（この場合は）反証可能な社会的現実をあらわす概念である。一方には、世俗化はすでに生じたことなのだと信じるほどに世俗化を歓迎し、未来においてもそれは勝利するであろうし、勝利しなければならないという希望に耽溺する、「世俗主義（脱宗教主義）」（secularism）とでも呼ぶのがふさわしいような啓蒙主義の長い伝統がある。この世俗主義については、のちに議論のなかで立ち帰る機会があろう。

さきの多元性の定義にもどるとしよう。ここでの基本的事実は社会を構成する集団の多様性である。だがわれわれのさきの定義にはさらに二つの要素が含まれている――市民的平和と社会的相互作用がそれである。これらは重要である。言うまでもないが、市民的平和なき多様性というのはありうる――複数の集団が暴力的紛争の状態になった場合、その帰着点は、あるひとつの集団によるそれ以外の諸集団に対する抑圧だったり、奴隷化だったり、さらには皆殺しだったりするからだ。このような場合、多元性を云々してもほとんど意味がない。あるいはまた、多様な集団がたがいに相互作用することなく近接して存在しているという場合もありえよう――平和裡に共存しているとは言えなくはないが、たがいに一言もかわさずにだ。この場合もまた、われわれがここで焦点を当てようとしているような特徴的な多元化のダイナミズムが生まれない。第一の場合の事例――南北戦争前の南部アメリカがそれで、そこでは白人と黒人が奴隷所有者と奴隷として共存していた。第二の場合の事例――カースト制度で編制された伝統的なヒンドゥー社会がそれで、そこでは異なるカースト同士が社会的に相互作用することが厳しく忌避される（共食と婚姻の禁忌――他集団の人間と一緒に食事をしたり結婚したりすることの禁止――にしたがうことでそうなるのだが、これは相互作用を妨害するのにきわめて効果的である）。

近代が多元化をもたらす理由は容易に理解できる。歴史の大半をとおして、たいていの人間は認知上・規範上の非常に高い合意を特徴とする――すなわち、世界はどうあるか、またそのなかでひとはどう行動すべきかについて、だれもが同じ考えを共有している――共同体のなかで生きていた。もちろんいつでも周縁タイプの人間がおり、彼らはそうした自明視された前提に疑問を投げかける――たとえばソクラテスのような人間がそれだ。だがそうした人間はきわめて稀である。言いかえるなら、多様な集団同士が時たまたま遭遇することがあっても、多くの会話がかわされることはなかった。社会的隔離の壁は非常に高かったのである。

スピードと視界《スコープ》を増大させ続ける近代という時代は、こうした壁を無力にする。その結果として生じるのが都市――その多くが巨大である――に居住する人口の絶え間ない増加であるが、都市はいつでも多様な集団がつねに変わらぬ理由で関わりあう場所であった。そうした世界規模の都市化とともに、「上品さ」(urbanity)――多元性によって育まれ、かつまた逆に多元性を促進する都会的で洗練された(urban/urbane)文化――が広がってゆく。そのうえ、広大な空間を行きかう人々の膨大な移動があり、これまた非常に多様な集団を相互に緊密に接触させる。大衆教育はますます多くの人々が異なった思想や価値観や生活様式を意識するようになることを意味している。そしていちばん後回しになったが重要なこととして、マス・コミュニケーションの近代的手段――映画、ラジオ、テレビ、電話、そしていまやコンピューター革命による情報の爆発――は、自分とは異なる現実へのアプローチ法に接触する人々の能力を格段に高めた。こうした諸々の過程――それらは近代という時代に固有なものである――の結果、多元性は歴史上類例のない段階にまで到達したのである。

もちろん過去にも多元的状況はあった。中央アジアのシルクロード沿いの都市は何世紀にもわたって真の多元性を享受した。とりわけ、さまざまな宗教的伝統――キリスト教、マニ教、ゾロアスター教、仏教、そして儒教――がおたがいに相互作用し、影響をあたえあうというかたちで。それより期間は長いのもあれば短いのもあるが、ムガル朝インド、ホーエンシュタウフェン朝シチリア、イスラム支配下のアンダルシア(ここにおける共生〔convivencia〕の概念は多元主義的イデオロギーの初期形態であった)でも、同様な多元的状況が優勢であった。西洋文明史にとって最も意義深いことは、後期ヘレニズム－ローマ時代が、とりわけ宗教的多様性という点で、近代の多元性と注目すべき類似性を示していることである。キリスト教の世界宗教としての起源がこの特異な環境のなかにあることは決して偶然ではない。しかしながら、こうした前近代における多元性の事例はみな、その広がりという点できわめて限定されたものであった。たとえばヘレニズム時代におけるアレクサンドリア——おそらくそれは今日のどこの社会にも遜色ないほど多元的な社会であった(コンピューターと携帯電話がなくてもそうだった)。だが、ボートに乗ってナイル河をごくわずか遡上するだけで、エジプトの長い歴史のうちに存在したどの村とも同じくらい文化的に均質な村々と、ひとは出会ったことであろう——たぶんそこには、自分たちがローマ帝国の一部とされていることなど知らない人々が、そしてたぶんアレクサンドリアという町の名など聞いたこともないという人々もいたであろう。今日のエコ・ツーリズムのもっとも熱心なオーガナイザーでさえも、これと比肩しうるほど文化的に均質な場所を発見するのはおそらく困難であり、——そして同様な文化的孤立の事例を発見するのはおそらく不可能であろう(そして言うまでもないことながら、もし彼らがそれに成功したとしても、まさにその活動自体によって、彼らが顧客を惹きつけるための手立てとした手つかずのホンモノに、むしろ急いで終止符を打つことになってしまうのである)。

真正の多元性という条件下で何が生じるか、それは知識社会学で使用されているひとつのカテゴリーで包括できる——「認知的感染」(cognitive contamination)である。そのおおもとには次のような非常に基本的な人間の特質がある。すなわちそれは、ひとが長時間会話をしていると、おたがいの思考に影響をあたえはじめるということだ。そうした「感染」が生じると、ひとは相手の信念や価値観を変態だとか、狂っているとか、邪悪であると見なすことがしだいに困難になってくる。たぶん、ゆっくりとではあるが確実に、このひとはまともなことを言っている、という考えが割り込んでくるのだ。そうした考えとともに、それまで自明視していた現実観が揺らぎ始める。個人間で、またクルト・レヴィンやミルトン・ロキーチといった心理学者が創始したような実験状況においても、こうした相互感染の過程が生じることについては、社会心理学の証拠が大量にある。たとえばレヴィンは「集団規範」という言葉をつくった――いかなる「集団力学」の過程もそういう合意点へ向かってゆくというわけだ。またロキーチは、その古典的な研究『イプシランティの三人のキリスト』のなかで、認知的感染のきわだって奇抜な事例を取り上げた――イプシランティというのはバイロンが死んだギリシャの町ではなくて、ミシガン州の精神病院である。その病院には、自分のことをイエス・キリストだと思っている患者が三人いた。なかのひとりは、あとの二人の影響を受けるには精神病的隔絶があまりに進みすぎていた。だがロキーチは、精神病の状態がそれより少しばかりいいあとの二人が、「自分はキリストだ」というお互いの主張にどう折り合いをつけるようになったか、その魅力的な詳細を描いている。彼らはじつに、たがいの主張を調整するために「エキュメニズム」（世界教会主義）的な神学を構築したのであった。

個人のレベルで起きる相互感染は集団間でも起きる。宗教史にあっては、こうした集合的な認知的感染の過程は「シンクレティズム」（習合）という名で知られている。ローマ人によるギリシャの神々の取り込み――ゼウスがジュピターに、アプロディーテがヴィーナスになった等々――はその古典的な事例である。宗教的観念は（他の認知的・規範的カテゴリー）と同じように、ある世界観から他の世界観へと「翻訳」される。あたりまえだが、この翻訳の過程で、それにまったく変化がないなどということはありえない。

過去数世紀にわたって近代化は、認知的感染の爆発の導火線となったばかりでなく、人間存在の条件を根本的に変化させる可能性を科学やテクノロジーにあたえてきた。これは人間社会のありとあらゆる側面に影響をあたえる巨大な変容であって、多くの異なった角度から記述し分析することが可能である。ここではしかしわれわれの目的に沿って、そうした変容の一側面にのみ焦点を当てるとしよう――すなわちそれは運命から選択へという巨大な転換である。

## 運命から選択へ　近代はどう転換するのか？

この転換がはっきりと見えるのはその過程の核心部、テクノロジーという構成要素である。ある実用上の問題に対処する新石器時代の共同体を想像してみよう――たとえば、洞窟をあたため、共同体の主食であるバッファローの肉を料理するための火をどのようにして起こすのか。この共同体は必要な発火を起こすために、何世紀ものあいだ二個の石をこすり合わせていたのだと想像できよう。それが彼らが知る唯一の方法だったのだ。食材の多様性についてはいまは措いておくとしても、発火とエネルギーを得るための多様な資源――多様なツールと言ってもいいが――という点で、言うまでもなく近代の共同体にはそれよりはるかに多くの選択肢がある。じっさい近代の共同体には、たんに多様なツールのなかからどれかを選ぶというにとどまらず、多様なテクノロジーのシステムのなかからどれかを選択するということが可能なのだ。

選択領域のこうした拡大は人間生活の物質的側面のみならず、認知的・規範的な次元――ここでのわれわれの関心の焦点だ――にも影響をあたえる。たとえば、男とは何であり女とは何であるか、といった根本的な問題を例にとろう。さきに言及したような新石器時代の共同体には、この問題についてほとんどいかなる選択肢もなかった。両性の性質についての明確で拘束力をもった合意があり、みなが一致して認めるそうした男女の性質にもとづく諸規範についても同じような合意があった。近代化はこの生活領域で選択肢の列をおそろしく増やしてきた。その典型例として近代人は、だれと結婚するか、結婚から生じる所帯をどう営んでゆくか、所帯をささえ、あるいは手助けするためにどんな職業の訓練をするか、子どもは何人にするか、そして（最後になったが重要なこととして）その子どもをどう育てるか、選択することができる。この場合も、システム全体を選択の対象とすることが可能である――婚姻関係のシステム、教育のシステム、等々。これにくわえて近代人は、たとえば伝統的か進歩的か、異性愛か同性愛か、厳格主義的か寛容的かといった風に、特定の個人的アイデンティティを選ぶことができる。先進社会の多くでは、近代的アイデンティティは選択されたもの、無数の個人がくわだてるある種のプロジェクト（往々にして一生続くプロジェクト）なのである。

多くの人々にとって、結局これは厄介な仕事になる。アイデンティティの探求者たちが自分が何になりたいかを決めるのを手助けするために、ライフスタイルとアイデンティティの広大な市場が出現し、運動家や企業家たち（この二つは重なり合うカテゴリーである）がみな活発にそれを促進する。七十代も半ばのある男性が五回目の結婚を知らせようとして息子に手紙を書き、こうつぶやく。「自分が何者なのか、私はついに発見しようとしている」（そして彼は、この自己評価の正しさを確約してくれるセラピストや支援グループをきっと見つけることができるであろう）。あるいは、名前はアルメニア人だが、それ以外にはアルメニアとの関わりが一切なく、アメリカ生まれで英語しか話せない若い女性が、なぜアルメニア語の授業をとるのかと聞かれ、こう答える。「自分がだれなのか見つけたいから」（新発見のアイデンティティを身につけた彼女を歓迎してくれるアルメニア教会や共同体組織を、彼女が見つけるであろうことは疑う余地がない）。マイケル・ノヴァクが著書『非同化の民族』（*The Unmeltable Ethnic*）のなかで「アメリカでは、民族は選択の問題になった」と目の覚めるような発言をしたのは、こうした文脈においてである。

二十世紀の半ば、ドイツの社会哲学者アーノルト・ゲーレンは以上のような発展を記述するために、ひと組のたいへん役に立つ概念を考案した。（たぶん新石器社会もふくめて）どんな人間社会もその構成員にある程度の選択行為を許容しているが、自明視された行為プログラムのために、選択という可能性そのものがあらかじめかき消されている場合がある。選択することが可能な生活領域をゲーレンは前景（foreground）と呼び、選択の可能性があらかじめなくなっている領域を後景

（background）と呼んだ。どちらの領域も人間学的に見て必要である。ありとあらゆることが個人の選択にかかっているような、前景だけで成り立っている社会は、どれほどの時間も自己を維持していくことができない。カオスへと崩れ落ちていくのである。人間同士が出会うたびに、ひとは相互作用の基本ルールをつくり直さなければならなくなるであろう。性関係の領域にたとえていえば、それは毎日毎日アダムがイヴに初対面のように出会い、その都度「いったいぜんたい彼女と何をなすべきなのであろうか」と自問するようなものだ（そしてもちろんイヴもそれに応えるように「彼と何をなすべきか」と自問しなければならないだろう）。これは明らかに耐えがたい状況であろう。ほかのことはみな措くとしても、もうこれだけで何ごともなしえなくなる。使える時間という時間はすべて、両者間の取り決めのルールを作っては作り直し、作っては作り直す作業に費やされてしまうのだ。これとは逆に、後景だけでできているような社会もとうてい人間的な社会ではありえまい。それはロボットの集合——幸運にも人間学的に（そしておそらく生物学的にも）不可能な状況——なのである。

　前景と後景の違いは、次のように簡潔に説明できるであろう。後景の行動は、あまり考えることなく自動的に遂行されうる。そのさい、ひとはたんに自分のために設計されたプログラムにしたがうだけである。これと反対に、前景の行動は思慮を必要とする——進むべきはこっちかあっちかといったように。後景と前景のバランスは近代化によって大きな影響を受けてきた。前述したような選択行為の増大はそれに相応して思慮の増大をもたらした。ゲーレンより十年近くあとに生まれたドイツの社会学者ヘルムート・シェルスキーはこの事実を「永続的反省性」（Dauerreflektion）と名づけた。永続的反省性は今日、個人と社会の両方のレベルで見ることができる。個人のレベルでは、ひとは自分が何者であり、どう生きるべきかをたえず自問するよう導かれ、そんな手ごわい作業を援助すべく、セラピー的機関の夥しい隊列がズラッと勢ぞろいする。社会的なレベルでは、教育システム、メディア、そして大量の「シンクタンク」（「思考のため池《シンクタンク》」とはうまいネーミングである）が全体社会に関して同様な問題を問いかける。「われわれは何者なのか」、「われわれはどこへ行こうとしているのか」、「われわれはどこへ向かうべきなのか」。さしたる誇張なしにこう言うことができるであろう。近代は意識過剰を病んでいる、と。かくも多くの近代人が神経過敏になり、いら立ってしまうのは不思議でもなんでもないのである。

社会が有する自明化した行為プログラムは、ゲーレンの用語では「制度」と呼ばれる。強い制度は本能のように機能する――ひとは立ち止まって考えたりすることなく、自動的に制度的プログラムにしたがう。まさに後景がなければ社会がカオスへと解体してゆくように、（さきのように定義された）制度がなければ、いかなる人間社会も存続できないであろう。だが、前景と後景の相対的な大きさがそうであるように、制度的プログラムの範囲は社会によって大きく異なる。何かが前景から後景へ移動したとき、われわれは「制度化」を云々するが、その逆の過程は「脱制度化」と呼ばれうるであろう。

簡単に例解しておこう。現代の男性は朝起きるとその日の服装をどうするか、いくつもの決断をしなければならない――スーツを着るかどうか、ネクタイをするかどうか、等々。それらは前景の意思決定であって、それに関連する行動は脱制度化している。一方、非常な変人であったり、特異なサブカルチャーで生活しているのでないかぎり、彼が裸のまま家を出ることはないであろう。かくして、何を着るかという点で彼には一定の選択の幅があたえられているが、何か着るだろうという事実はなお自明視されている――すなわち、がっちりと制度化されたままなのである。しかしながら、言うまでもないが、そうした状況にも変化が生じうる。性関係の領域からひとつ例をとってみよう。ヨーロッパ史のどこかの時点から、礼儀正しいふるまいに関する規範のなかに、男性から女性に向けて差し出される一定の慇懃な行為がふくまれるようになった――たとえば女性に先にドアを通らせるといった。明らかにこれは、いつの時代もそうだったというわけではない（たとえば、さきにあげた新石器時代の共同体のような社会では、そんなことはありえないと想定してよかろう）。たぶんそれは中世盛期の吟遊詩人の文化から生まれたのである。その時点――いつかはわからないけれども――で、ある男性がある女性にドアを先に通らせよう、そしておそらくそのために、軽く会釈しながらドアを開けたままにしておこうと決断したのだ。しばらくたつと、一定の社会的環境のなかで、この行為が制度化されるに至った。かくして、たとえば百年ほど前にヨーロッパやアメリカの中産階級の男性たちは、何も考えることなく「レディー・ファースト」という教えにしたがって行動するようになったのである。そしてフェミニズム運動が現われ、両性間の礼儀というこの領域全体が突如として脱制度化された。そうなるともはや、なにも考えずに「レディー・ファースト」という玉条にしたがうわけにはゆかなくなる。男性はいまや連れになった女性の様子をうかがったあと、どんな行為経路をたどるべきか——彼女のためにドアをつかんでおくべきか（そうすればたぶん紳士っぽいふるまいゆえに得点を稼ぐことができようが、しかしひょっとすると怒ったとげとげしい声で「ありがとう、でも私は障害者じゃないわよ」とたしなめられるかもしれない）、それとも生きのいい平等主義者風に自分が先にドアを通ってゆくか（これまた結果は不確実である）、決断しなければならなくなったわけだ。

さて、以上は社会学のちょっとした基礎理論である。だが、いまの議論のポイントはこのうえなく重要である。すなわち、近代は後景に対して前景をおそろしく拡大する、というのがそれだ。べつな言い方をするなら、近代は脱制度化を進める傾向があるということだ。ゲーレンはこれまたいみじくも、この過程を「主観化」とよんだ。ひとは昔、制度的プログラムを実行することで、さしたる考えもなしに人生をわたっていたのに、いまでは自分の主観的な資源を頼らざるをえなくなる。「自分は何を信じるべきか」、「自分はどう行動すべきか」、「じつのところ自分は何者なのか」といった風に。すでに書いたように、人々がこうしたディレンマをより容易にあつかえるようにするために、信念と規範とアイデンティティのまるごとパッケージをひとに提供する新しい諸制度が出現する。ゲーレンはこれを「二次的制度」と呼んだ。それは思慮不要の行動をある程度可能にする点で、あまりに多くの選択肢という苦悶をひとから軽減するのに役立つが、もともとの性質からして近代以前の諸制度よりも弱いものである。こうした二次的制度は同様に選択されたものであって、定められた、あるいは自明なものではないから、選択したものという記憶が——そしてそれとともに、ぼんやりとではあるが、将来いつかこの選択がくつがえり、別な選択と置き換わることがあるかもしれないという意識が——ひとの心に残り続けるであろう。ジャン＝ポール・サルトルは「ひとは自由であるべく呪われている」という命題を提起した。一般的な人間学的命題としては、これはいささかあやしいものだ。けれども近代の人間性に関する記述としては、これはきわだって的確なのである。

## 多元性は宗教に対して個人的・集合的にどう影響するのか？

宗教にもどろう。個々人の宗教的帰属をあらわすのに、米語は露骨な用語をつかう——「宗教の好み」というのがそれである。この用語の起源は消費者の選好の世界にある——ひとはあれよりこの朝食シリアルを好むといったような。この用語は選択という行為があることを前提にしている。たとえば、ひとはカトリックでなければならないわけではない。カトリックであることを選択するのだ。だがこの用語は同時に不安定さを暗に意味している。ひとの好みは変わりやすいものだからだ。たとえば、今日はたしかにカトリックだけれども、明日は米国聖公会の信者になっているかもしれないし、不可知論者とか、まあ何かそういったものになっているかもしれない。（言ってみれば）カリフォルニア版の米語にはさらに露骨な言い方がある。「私は仏教にハマッてる（into）」というのがそれだ。もちろん明日になれば，仏教からぬけて（out of），ネイティヴ・アメリカンの蒸し風呂小屋とかにハマッているかもしれない。文化的にも宗教的にも移ろいやすいアメリカ的な状況においては、たいていのひとがこちらの好みからあちらの好みへと日々揺れ動いているのである。彼らはしつけや家族といった制約要因によって、また首尾一貫した人間でありたいとか、ある程度の安定感を得たいといった相当に根強い願望によって抑制を受ける。けれども、好みを変えようと思えば変えられるという意識はいつでもあり、したがってある時点で実際にそうするかもしれない可能性はいつでもあるわけである。

くり返し言っておこう。近代化は多元性を生む。そして多元性は、ひとが多様な世界観のなかから選択できる可能性を高める。世俗化論の間違いは、そうした選択は脱宗教的なものになるだろうという想定にあった。選択された宗教は自明視されている宗教よりも安定性を欠く（弱い、と言ってもいい）。そのうえそれは皮相的かもしれない（スーパーマーケットにおける消費者の選択の浅薄さとまったく同じように）。だが、いつでもかならずそうだというわけではない。ゼーレン・キルケゴールが主張したような信仰の情熱的な跳躍は、宗教がまるで自明でないような状況でのみ可能なのだから。そしてそれは決して皮相などというものではないのである。

かくして多元的な状況は、個々人の意識における宗教の位置を変化させる。この意識を「確実性の程度」という観点から層化して記述することができよう——世界に関する自明視された想定という「深い」レベル（「深い」と言ってもフロイト的に理解されてはならない——この意識レベルでは「潜在意識」などというものは存在しない）から、いくらかは安定性のある信仰へ、そしていちばん「上層」は容易に変化する意見のレベルである。例えばこんな感じ。私はアメリカ人だ（し、それ以外の何かであることなど想像もできない）。私は政治的にはリベラルだ。いまのところ、私はY候補よりX候補の方に心が傾いている。個々人の意識において、宗教はより深い確信のレベルから、中間のさまざまなレベルを通って、単なる意見というはるかにもろいレベルへと、いわば「にじみ出てくる」（percolate up）のだ。この変化は宗教の内容に必ずしも影響をあたえるものでないと理解しておくことは重要である。自分の信仰を自明視する伝統的なカトリックもカトリックを選好した近代人も、遵守する教義や儀礼は同一である。けれども、そうした教義や儀礼が意識のうちに占める位置は異なるであろう。言いかえるなら、多元化は宗教の何たるか（what）を必ずしも変えるわけではないが、それがいかにあるか（how）を変える傾向があるということだ。ここでも安易な一般化をしりぞけるために、次のことを注意しておかなければならない。すなわち、宗教的帰属の自発的な性格は、教会によって命じられる公式の教義や儀礼に個人が手を加える機会が増大することを必然的に意味している——これは宗教がいかにあるかだけでなく、宗教の何たるかにも変化が生じることを意味している。これはしばしば「私はカトリックなんだけど……」といった言い方で表現される。この限定的な「だけど」はそのひとが、たとえば教皇の無謬性やミサの奇跡をもはや信じていないこと、あるいは教会が是認しない産児制限のさまざまな方法を上手に実践していることを意味していよう。

だが多元化は一方で、宗教的諸組織の社会学的性格、またそうした組織間の関係も変化させる。教会は好むと好まざるとにかかわらず宗教的独占状態にあることをやめ、それに代わって自発的結社（voluntary association）になる。ある種の宗教組織（とそのリーダーシップ）にとって、これはたいそう難しいことである。西欧世界においてローマ・カトリック教会は、自発的結社として活動することに不承不承だが、いやでもそうせざるをえない宗教組織の最もわかりやすい事例である。文化的自明性も、また指定席を用意してくれる国家の強制力ももはやあてにできないとなると、教会は自分たちのサービスを利用してくれるよう人々に説得を試みる以外の選択肢をもたなくなる。教会の職員（カトリックの場合なら上位聖職者と一般聖職者）と世俗の顧客との関係は、そうした転換にともなって必然的に変化する。カトリック教会の神学的自己理解がどうであれ、その職員たちは平信徒たちの希望に対してより迎合的にならざるをえず、するとそれに随伴して後者の力が増してくるのである。

何人かのカトリックの観察者はこの過程を（軽蔑的な意味をこめて）「プロテスタント化」と呼んできた。とはいえそこには、プロテスタンティズムに対する教義上・典礼上の譲歩という意味はいささかも含まれていない。それは単に、教会はいまや世俗のメンバーの強制によらない忠誠心を頼みとする自発的結社となったという経験的事実の受容にほかならない。それがなぜプロテスタントなのかといえば、プロテスタンティズムの多く、とくにアメリカで支配的になったそれが、長いあいだ自発的結社という形態で活動してきたからという、ただそれだけの理由にすぎない。言いかえるなら、プロテスタンティズムは多元的状況への処し方という点で相対的に有利であったということだが、宗教団体がその有利さを享受するにはプロテスタンティズムでなければならないというわけではない。最初カトリック教会は自らが信者の自発的結社だという考えを力をこめて拒否したが、のちにカトリックがマイノリティの立場にある（アメリカ合衆国のような）国々、また国家がかつての支持的役割を続けることを拒絶した（フランスのような）国々では、この地位をいやおうなく受け容れざるをえなくなったのである。

換言するなら、社会学は教会学に勝ったのだ。その後、第二次バチカン公会議による宗教的自由の強力な支持は、それ以前からすでに生じていた経験的過程に神学的正統化を付与することになった。この正統化を定式化した二人のきわめて大きな影響力をもつカトリック思想家が、近代民主主義の二つの母国の出身であることは注意するにあたいする――アメリカ合衆国出身のジョン・カートニー・マレーと、フランス出身のジャック・マリタンである。カトリックの事例をここまで論じてきたのは、これが最も劇的だからである。しかしながら、自発性原則の勝利はかつて宗教的独占の状態にあった他の事例にも見られるであろう――英国国教会、ロシア正教会、正統派ユダヤ教、ついでにいえばトルコのイスラムやインドの多くの地域におけるヒンドゥー教もそうである。

多元化はまた宗教組織相互間の関係も変化させる。それらはいまや自由市場、あるいは相対的に自由な市場のなかでたがいに競争相手として出会うようになる。宗教的独占を復原またはあらたに創造しようとするくわだてをひとたび放棄するなら、彼らは競争相手の存在をどのみち承認せざるをえなくなる。リチャード・ニーバー（アメリカの教会史家。もっと有名な神学者で兄のラインホルト・ニーバーと混同されませんよう）はこの現象を言い表わすのに役立つひとつの用語をこしらえた――「デノミネーション」（教派）がそれだ。それまで宗教史家や宗教社会学者は宗教組織を二つのタイプに分類するのが慣例であった――ほとんどのメンバーがその中へと生まれてくる包括的な組織体「チャーチ」（教会）と、個人がそこへ加入する非開放的な組織体「セクト」（宗派）がそれである。ニーバーはこれにデノミネーションというすぐれてアメリカ的なカテゴリーをつけ加えた。その社会的性格はセクトよりもチャーチに近いが、人はその中に生まれてくるというより加入するのであり、競争相手が存在する権利を公然と、あるいは暗黙のうちに認めている。言いかえるなら、デノミネーションは多元化状況における競争の所産なのである。市場に参加するすべての組織体と同様、デノミネーションは競争しつつ協力しなければならない。協力は競争に洗練されたかたちをあたえつつ一定の統制をくわえようとする無数の「エキュメニズム」（世界教会主義）的、「異教との出会い」（interfaith）的な活動にあらわれている。言うまでもなくデノミネーションは自発性原則のもとで活動する――それは多元的状況の中心的な経験的性格であり、多元主義というイデオロギーの基本価値（「選択権」）である。

まえにあげたような種々の特性をもつ多元化のダイナミズムは、法的に保障された宗教の自由という条件のもとで最も有効に機能する。しかしながら、たとえ国家が宗教の自由に制約を課そうとしても、多元化のダイナミズムは必ずや自己を貫徹してゆくものである。現代世界においても、かなり多くの国家が宗教の自由に制約を課そうと試みてきた（しばしば「改宗を勧誘する」伝道師たちから市民を守るという看板のもと）――ほとんどのイスラム諸国がそうだが、イスラエル、ロシア、インド、中国もそうである。そうした方策のなかには非常に有効なものもあった。だが、本物の全体主義的体制がしかれるのでないかぎり、多元化の勢力は割り込んでゆく道を見つける――近代のテクノロジーによって切り拓かれた膨大な数のコミュニケーション回路、また強圧的な国家の市民とそこを訪れる外国人の双方による外国旅行がそうだが、国家統制の裏をかいたり反抗したりする宣教師も時として大いにそうである。多元化という魔神をもとの瓶の中に戻すのはきわめて難しいのである。

ここまで宗教――「多神教」の特殊近代的な形態――を中心に議論を進めてきた。この多元化はあらゆる宗教的伝統にとって大きな脅威となるが、近代社会はそれと共存し、それに適応することができることを示してきた。宗教的寛容という啓蒙主義的価値観はヨーロッパの宗教戦争における残虐行為への嫌悪感を燃料として生まれた――たしかにいかなる神学上の違いもそうした戦争による大虐殺を正当化するものではありえまい。しかしながら多元化は宗教だけでなく道徳にも影響をあたえる。そして道徳の基礎となる価値観の多元化は宗教の多元化よりも対処するのが困難なのである。

もし私が聖体拝領のさいに全質変化〔司祭が聖別したパンとぶどう酒はキリストの体と血に変化するという教義〕が生じると信じているカトリックであり、隣人がこの秘跡についてはるかに奇跡を信じない見方をしているプロテスタントだったとしても、おたがいが一定程度の寛容に達してさえいれば、われわれ二人がうまくやっていく分にはさしたる困難はない。結局のところ、この問題における二人の神学上の違いは両者間のいかなる実生活上の問題にも影響しないであろう。何であれ、このたぐいの事柄なら、われわれはたがいの違いに平和裡に同意できるのである。だがもし道徳的規範の多元性に直面したとしたらどうであろうか。たとえばわが隣人がカニバリズムを信仰しており、能力の限りを尽くしてその信仰を実践しているとしたらどうか。

カニバリズムの例はたしかに奇抜すぎる。だが近代社会には、これと似たような葛藤につながる道徳上の鋭い食違いがある。目下、ヨーロッパにおける移民イスラムはヨーロッパの民主主義社会に道徳に関する鋭い挑戦状をつきつけてきている。家族の名誉を傷つけたとされる女性に対する名誉殺人を、はたして自由民主主義国家は容認してよいか。同様にして、性器切除はどうか。また、一夫多妻制ほかの理由での幼な妻の輸入はどうなのか。また時々殴りつけることによって幼な妻たちをしつけする権利をその夫たちが主張したとしたら、それはどうなのか。それほど劇的でない次のような例もあろう。イスラム信者たちの要望にこたえて、体育の時間に（たぶんそれだけでなくそれ以外の――あるいはすべての――学校活動において）男子と女子を別にすることを、ヨーロッパの学校は受け容れるべきかどうか。女性が官庁のなかで頭の先からつま先まで覆う布を着用することを許可すべきかどうか。イスラムに対する侮辱を禁止するために神冒瀆法を復活あるいは再制定すべきかどうか（ついでに言っておくが、以上のような道徳基準はイスラム本来のものでなく、むしろ宗教以外に起源をもつ文化的発展の帰結である。こうした規範が宗教の自由という観点から正統化されていることはれっきとした事実であり、受け容れ国はこうした正統化を容認するか拒否するか決定しなければならないのだ）。

これに似た道徳的多元性の脅威を見るには大西洋を渡らなければならないというわけではない。妊娠中絶と同性結婚をめぐるアメリカ合衆国での論争は例として十分であろう。もし構成員の相当大きな部分が妊娠中絶は女性の権利だと信じており、同程度の大きな部分がそれは子どもの殺害だと信じていたら、社会はどう機能するだろう。また、社会内の相当大きな集団が同性結婚は市民の基本権だと思っており、同規模の別な集団がそれはぞっとするような倒錯だと思っていたらどうだろうか。もし私がカトリックだったとした、聖体拝領の性質に関するとげとげしい論争に入ることなく、わがプロテスタントの隣人と一緒に快く友好的にすわっていられるであろう。けれども、殺人者だとか変態だとか、あるいは殺人や変態の提唱者だとか見なしている隣人と一緒に、仲良くコーヒーを飲んだりできるだろうか。

簡潔に言おう。今日、道徳的多元化は宗教的多元化よりもいっそう鋭い脅威を生じさせている。そのうえ、少なくともある種の道徳的判断は、宗教的問題については必ずしも必要ないような一定程度の確信のもとでなされるのだ。これは本書でのちに取り上げなければならないであろう問題である。

# 第二章　相対化のダイナミズム

復唱しておこう。近代は多元化をもたらす。近代は脱制度化をもたらす。これを言いかえると、こうなる。近代は相対化をもたらす、と。以下においてわれわれは、相対化の結果生じる認知過程をぐんと詳細に見てみることにしよう。

## 相対化とは何か

相対化が何であるかは、その逆を見ることによって最も容易に理解しうるであろう。「相対的」の逆は「絶対的」である。認識の領域においては、意識のなかで絶対性の地位を有する現実定義が存在する。言葉をかえるなら、それらはあまりに確実すぎて、まともに疑うことなどできないのである。ひとは最後には必ず死ぬのだという自覚は、おそらく最も切迫性をもった絶対的なものである。哲学者アルフレッド・シュッツはこれを「根源的不安」と呼んだ。だがこれは、死の自覚が意識中に常在していることを意味しない。たいていの人間にとって、それは生きるという日々の仕事(business＝"busy-ness" 忙しさ)に没頭することによって避けられているのである。もちろん、より幸福な後生《ごしょう》という宗教的な希望によって死の恐怖を緩和しているひともいるわけだが。

これとは違う絶対確実なものとしては、感覚に現われる外界は現実だという確信がある。たとえば、このテーブルは確かにそこにあるということ。私は本気でそれを疑うことができない。たしかに哲学の授業中、教師は、現に目にしているのでないかぎり、私はそのテーブルがそこにあるという確信がもてないなどと言い出すかもしれない。彼女はこう言うのだ。「はい、目を閉じて、グルッと回ってみてください。さあそうして、テーブルがそこにあることを証明してみてください」。たしかに私は証明できない。そのため私は、私の意識の外側にテーブルが客観的に存在していることをじつは確信できないのだと認めざるをえなくなる。しかしながらこの授業の課題はゲームにすぎない。私は本気ではないのだ。課題に取り組んでいる最中でさえ、テーブルがずっとそこにあることを私は知っている。言いかえるなら、外界に関する私の知識は絶対性の地位にあるのだ。

相対化とは、何かの絶対的地位が弱体化し、極端な場合には消滅する過程である。ひとの感覚の明証性には相対化するのが非常に困難な絶対性の権利要求がともなっているけれども、そうした直接的な感覚的確証にもとづかない全体世界的な現実定義——信念と価値観の世界——というものがある。アメリカの古典的な社会学者ロバート&ヘレン・リンドは著書『ミドルタウン』(これはインディアナ州マンシーの仮名である)のなかで、「もちろん言説」(of course statement)という概念

――たいていのひとが「もちろん」という言葉で反応するような世界に関する言説――を用いている。たとえば「アメリカの民主主義は他のどんな政治体制よりもすぐれている」といったような。リンド夫妻は「ミドルタウン」を、一九二八年・一九三七年と、二回にわたって調査した。当時、民主主義に関するこの言説を向けられると、調査の対象となった町の住民はたいてい「もちろん」と言ったものである（今日でもそうであるかどうかは知った限りでない）。

もう少し明確な事例をあげよう。今日アメリカ人が女性を自分の妻として紹介するとしよう。もしひとに「唯一の奥さんですか？」と聞かれたなら、彼はたぶんいら立ち気味に「もちろん」と答えるであろう。けれどもこのちょっとした光景、一夫多妻制が容認され実践されている国々だと、展開が違ってくるのは明らかである。とはいえアメリカでも、自分の配偶者に関する言説の「もちろん」的性格は近年少々変化してきている。たとえば男性が自分の（「妻」ではなく）「配偶者」に言及すると、その「配偶者」は女性か男性かなどという質問が飛んでくるであろう。たしかにアメリカには同性結婚にはげしく反対する人々がいる。しかし彼らでさえも、そういう組合わせの選択がいまや広く受け容れられ、少なくとも散発的には実行されているという事実（それこそまさに彼らの怒りの対象なのだが）は知っている。そしてその結果、異性婚のかつての「もちろん」的地位には疑問符がつけられるようになっている――つまり相対化されたのである。同性結婚に対する反対者たちのくわだては、この相対化過程を転覆し、かつての絶対的なものを法律と公共意識に復活させようとするものだと言ってよかろう。

リンド夫妻の「もちろん言説」はアルフレッド・シュッツのいう「自明世界」と少なからず符合している。後者は通例は大きな、一般に疑問に付されることのない現実定義の集合体から成り立っている。現実定義には認識にかかわるものもあれば規範にかかわるものもある——すなわち、世界はどうあるかという現実定義と世界はどうあるべきかという現実定義がそれだ。自明世界は内在化された制度化過程の帰結である。言いかえれば、結婚のような制度の客観的現実はいまや意識内部でも客観的地位を得ている。結婚は「もちろん」外在している——そこいらじゅうの夫と妻がみな各自の役割を演じているように。だがまた結婚は「もちろん」心の内側にもある——私はこの特定の制度的組合わせが唯一妥当なものだと自明視しているように。このとき制度は、無反省的な習慣的行動のうちにその基礎を有するがゆえに、内蔵された慣性のような性格を帯びるのである。きびしい異議申し立てにさらされないかぎり、制度は時を超えて存続してゆく傾向をもっている。そうした異議申し立ては相対化の始まりを告げるのである。

そのような異議申し立てはどれもショックというかたちでやってくる。そのとき人々はある制度の無反省な受容状態から文字通り揺さぶり起こされるのだ。そういうショックには集合的なものもあれば個人的なものもある。政治的制度から一例をあげてみよう——たとえばある部族社会の一種独特な形態の族長制。まずは集合的ショック。部族が征服されて族長制が廃止され、宗教上の支配層がそれに取って代わる。そんな場合、部族の構成員のだれもが社会秩序に関する自明な思い込みからショックで目覚めるであろう。つぎは個人的ショック。ある人物がたまたま族長の家でひどい腐敗や欺瞞に出くわし、その結果、族長制という制度がその自明な正当性を喪失するというような場合だ。この場合、ショックを経験するのはこの人物ひとりだけということがありえる。それだと、たとえ現任の族長に遺憾な点が何かあろうと、幸福なことに部族の残りの構成員は族長制という制度を心から信頼し続けられるわけだ。さらにまた、ショックとそれに起因する相対化には意図したものもあれば意図せざるものもあろう。族長制という制度が革命的な陰謀によって転覆されることもあれば、他の形態の権威――たとえば国家政府の代理機関――が部族に影響を及ぼすようになった結果、部族というものがほとんど知らぬ間に嘘くさいものと化すこともありえるのである。そしてまた、さきにあげた例が示しているように、相対化のショックは急激な場合もあれば漸進的な場合もありえよう。

ある社会学者の集団が二十年ほどまえに「ミドルタウン」を再訪した。彼らは連続性と変化の両方を目にした。最も注目すべき変化をひとつだけあげるとすれば、それは「ミドルタウン」(と、したがっておそらくはアメリカ社会全体)がはるかに寛容になった――人種的・民族的・宗教的マイノリティに、そして自分と違うライフスタイルをもつ人々に対して――ということであった。平均的アメリカ人《ミドル・アメリカ》はよりコスモポリタン的になり、より洗練されたと言ってもいいであろう。すでに言及した多元化過程という観点からこれを説明するのも意味あることであろう。一九三〇年代以降、アメリカ合衆国の中心地域における小都市の住民たちは正式な教育をはるかに多く受けるようになってきた(そのうちには大学教育も含まれ、それを受ける人の割合は半数を超えるようになっている)。ひとははるかに多く旅するようになり(観光客として、また軍隊の一員として)、逆に遠方から人々がやって来たり、そのまま定住するようになってきた(たとえば移住難民として)。州間高速道路網は、自動車所有率の飛躍的上昇とあいまって人々の移動性を著しく高めた。そのうえ、コミュニケーション・メディアの最近の爆発的増大によって、ありとあらゆる情報が押し寄せるようになった。結果として、「ミドルタウン」のようなコミュニティはかつて享受していた(悩まされていた、と言うひともいよう)相対的な自給自足性から引きずり出される。多元化社会の強風がその静かな並木道を猛烈に吹き荒れるようになるのである。

こうして多元性には、寛容さの増大をもたらす可能性がある。さらにまた寛容さは、社会的に肯定される価値ヒエラルヒーの非常に重要な位置をしだいに占め、ときにはその頂点に立つようになってきた。よく知られた歴史的理由から多元性の――そしてそれどころかイデオロギーとしての多元主義の――前衛であり続けてきたアメリカにあっては、とりわけこのことがよくあてはまる。だがいまや、第一の美徳としての寛容という考え方は、少なくとも西欧の先進社会のどこでも見られるであろう。たとえばドイツでは、トーマス・ルックマンが日常会話のなかで道徳的判断がどうなされているかを研究した結果、肯定的に語られる価値リスト中、寛容が断然一位であることを発見した。逆にいえば、寛容の欠如――偏狭さ、道徳的硬直、「決めつけたがる」(judgmental)態度――は圧倒的に非難ごうごうなのだ。もし調査をやれば、西欧の他の国々でも同様な結果を得ることになるだろうと考えるのはまことに理にかなっている。

アメリカの宗教史において、寛容性の範囲は一貫して拡大してきた。まずそれは、すべての、あるいはほとんどのプロテスタント集団間での寛容性であった。ついでそれにカトリックとユダヤ教が加わるようになった。一九五五年、ウィル・ハーバーグは大きな影響をおよぼした著書『プロテスタント、カトリック、ユダヤ教』を刊行し、そのなかでこう説得的に主張した。すなわち、すべてをひとつの包摂的な宗教的ラベルでまとめることができるような、本物のアメリカ人であるための三つの道が出現したのだ、と。それから半世紀たたないうちに、こんどは東方正教会がもうひとつの本物のアメリカの宗教的アイデンティティたる正統性を獲得した（いまや、正教の聖職者とかのっぽの黒い帽子とか、その他、みな時おり何か儀式めいたことをやっているように見える連中ぬきの大統領就任式というのを想像できるだろうか）。それどころか今日では、宗教集団の受容はハーバーグの言う「ユダヤ＝キリスト教的伝統」の枠をしだいに超えつつある。アメリカ人は徐々にイスラムを「アブラハム的」信仰家族の純正メンバーと見なしはじめているのだ。そこまでならまだ非一神教的宗教は蚊帳の外に置かれることになるので、とりわけヒンドゥー教や仏教は自分たちもこのアメリカ版エキュメニズム（世界教会主義）のうちに入れられるべきだと主張している。これほどの宗教的多様性が見られない西欧にあっては展開はここまで劇的ではないが、「文化多元主義」のイデオロギーにこれとよく似た寛容性の拡大が現われている（残念ながら、歴史が再三再四われわれに教えてきたように、多元性はいつでも必ず寛容性の増大をもたらすというわけではない。多元性に対する暴力的な反応というものがありうるのであって、本書ではあとでそれを見ることにしよう)。

積極的寛容と消極的寛容を区別しておくことが有益である。積極的寛容は、自分と異なる価値観をもつ個人や集団と出会ったときの純粋な敬意や開放性をその特徴とする。消極的寛容は無関心さの表現にすぎない。「彼らのやりたいようにやらせておけ」――「彼ら」とは自分とは違うことを信じて実行する人々である――というわけだ。ほとんどの開発途上世界で成長してきた寛容はたいてい第二のタイプのものである。それは文化多元主義イデオロギーによってひとつの規範原理にまで昇格しているのだ。

多元性がもたらす相対化効果は大きな集合体、さらには全体社会でも観察できるが、そうした効果のルーツは個人間のミクロな社会的相互作用にあると理解しておくことは重要である。そしてその相互作用は、それそのものが人間存在のきわめて基本的な事実――すなわち、人間はその信念と価値観、またアイデンティティそれ自体が他者との相互作用のなかで生まれ維持されていく社会的存在であるという事実――に根ざしているのである。

## 認知的防衛とは何か？　そしてそれはなぜ必要なのか？

まえに言及した認知的感染という概念は、つぎの基本的事実に根ざしている。すなわち、われわれは社会的存在として、会話の相手からいつでも影響を受けるという事実である。その会話は多かれ少なかれ不可避的に、現実に対するわれわれの見方を変化させる。したがって当然、もしそうした変化を避けたいのであれば、ひとは自分の話し相手に関してとても注意深くなければならないということになる。

心理学者レオン・フェスティンガーは「認知的不協和」――これはそれまでいだいていた考えと矛盾する情報、いやもっと正確にいうと、それまでいだいていた自分との関わりが深い考えと矛盾する情報という意味である――というたいへん有益な概念をつくった（自分にとってほとんど、あるいはまったく重要性のない意見――たとえばパプア・ニューギニアの首都の名についての――と新しい情報が矛盾しても、それがわれわれにとってなんら問題ないことは明らかである）。フェスティンガーの発見は驚くほどのものではない。ひとは認知的不協和を避けようとする、というのがそれだ。しかしながら、それを避ける唯一の方法は不協和の運び手――人間の場合もあればそうでない場合もある――を避けることである。たとえばXという政治的立場にある人々は、Yという立場を支持しそうな新聞記事を読むのを避けるであろう。そういう人々は同様にしてY主義者たちとの会話を避け、会話の相手としてX主義者たちを求めようとするであろう。

ひとがある特定の現実定義――たとえば強い思い入れをもった宗教的また政治的な立場、あるいはまた自分の生き方に直接かかわる信念（喫煙は認められるべきだ、いやそれどころかおしゃれだ、といったような）――に強い自己投入をしているなら、行動上また認知上の防衛を綿密に準備するところまで行くであろう。

すでに指摘したように、これは行動としては、不協和を起こす情報源を避けることを意味している。だが、自分の好みのものの見方につっかい棒をしようとする認知的防衛――精神の訓練という言い方もできよう――という面もある。防衛に走る喫煙者を例にあげよう。彼らは、喫煙は健康に有害だという支配的な立場に反論できる材料を探そうとするであろう――異議を唱える人間はいつでもいるし、現在ではそういう人物を見つけることがインターネットによって非常に容易になっている。彼らはまた、支配的な見方のお先棒をかつぐ人間たちの信用を失墜させる方法を探すであろう――証拠をちゃんと評価できるような資格がない（たとえば彼らの学位はお門違いの分野のものだから）とか、そういう立場をとることに既得権が（したがってまたいかがわしい利害が）かかっている――嫌煙団体から報酬を得ていたりするのだ――といった風に。

宗教的また政治的システムは、自己を支持する者に認知的防衛策を提供することが非常に巧みである。この領域における一般的な防衛戦略は、不協和をもたらす者、また彼らが口にしそうなことのすべてを徹底的に面目失墜せしめるようなカテゴリーに分類することである――いわく罪人や不信心者である、劣等人種に属している、階級やジェンダーのせいで虚偽意識にとらわれている、いや正しい（とされる）ものの見方につながる特定のイニシエーション過程（回心とか妥当なイデオロギー的理解とか）をたんに通過しそこなっただけだ、というように。メッセージ伝達者の信用を失墜させることでメッセージの信用を失墜させるこの戦略は「無化」（nihilation）とでも呼びえよう。極端な場合それは不都合なメッセージ伝達者の物理的「粛清」（liquidation）にまでおよぶのである。

認知的防衛は宗教領域においてはごく一般的なものであるが、必ずしもそれは宗教的であったり、さらにはイデオロギー的なものであったりするわけではないと指摘しておくことは重要である。そうした防衛策が生起することは、構成員の生活のありとあらゆる側面を支配しようとするすべての組織の特徴なのだ。社会学者たちはこの種の組織をあらわすためにいろいろな言葉をつくってきた。たとえばアーヴィング・ゴフマンは「全制的施設」(total institution)について書き、ルイス・コーザーは「貪欲な組織」(greedy institution)について語った。

何らかの認知的防御がなければ、「自分とはちがう人たち」との会話の相対化効果が否応なく始まる。このとき必ず起きるのが何らかの認知的妥協につながる認知的取引の過程である。個人間の会話という現実の過程のなかでこれが何を意味しているかを、社会心理学者ソロモン・アッシュが一九五〇年代におこなった古典的な心理学実験は物語っている。その実験のうち最も単純な形式のものは次のような結果になった。小規模の人間集団——通常それは学生の集団(心理学の実験をする教授にとっていちばん手ごろな集団である)であった——が一室に集められた。各実験グループのうち一人(「カモ」と言ってもいい)をのぞく全員が実験の性格についてあらかじめ指示を受けていた。グループが集合すると、「カモ」は最初にひとつの物体——たとえば木片——を見せられ、その長さを目分量するように言われる。まあ彼は理にかなった長さ——たとえば十インチ——を答える。そのあと、こんどはグループの他の人間たちが同じことを聞かれ、事前に指示されたとおり、到底ありえないような長さ——たとえば二十インチといったような——を答える。すると実験者はまた「カモ」のところに戻ってきて、こんなことを言う。「あなたはこちらの皆さんとはまるで違った意見をお持ちのようです。もう一度この物体をご覧になって、さっきおっしゃった長さを訂正されたいなら、そうされてはいかがでしょうか」。すると、なんとほとんどの「カモ」が、たいていこんなことを言いながら訂正したのである。「ほんとは二十インチもあるとは思えないんだけど。でもたぶん、私は短く見積もりすぎたんだね。たぶんほんとは十二か十五インチってとこじゃないかなあ」。言葉をかえるなら、「カモ」はクルト・レヴィンの言う「集団規範」の方向へ引き寄せられたわけである。面白いことに、「カモ」が一人でなく二人だと、そのように引き寄せられることへの抵抗力がグンと強くなる。その場合、二人の反体制派はスクラムを組んで自分たちの（もちろん完全に理にかなった）もともとの目分量を擁護しようとするのだ。グループが「カモ」と「非カモ」に等分された場合、活発な認知的取引の過程が生まれるのがふつうで、それは認知的妥協——つまりは新しい「集団規範」へと通じている。見たところアッシュは実験参加者の地位の違いについて考慮できるような調整を実験に施していないようであるが、もしそうしたなら、それは興味深いひとひねりをもたらすことになったであろう。たとえば、もし「カモ」が教授であり、他のすべての実験参加者が学部学生であったなら、結果は違うものになっていただろうと想定したりできるのだ。

アッシュの実験で問題にされるのは巻尺を使えば簡単に解決できるような案件である（だが参加

者のだれがそれを言いだしても、実験者はたぶん許可しなかったであろう）が、それにもかかわらず認知におよぼす会話の力はひとを妥協へと導いた。言いかえるならば、物理的対象の長さという、原理的に計測装置を利用すれば正しく判断できるようなものの知覚にさえ、会話は相対化効果をあたえたのである。これが感官知覚による吟味にかけることができないとされるような諸現実についての人びとの見方——たとえば政治的あるいは宗教的な見方——の場合、だれもが共通して認める計測装置というものがまったく存在しない。結果としてそのような場合、会話の力はますます大きくなるであろう。そして、何が妥当とされ、何が妥当でないとされるかは、それをめぐる会話の性質によって大きく規定されるのである。

　こうした現象を説明するうえで有益な知識社会学の概念が「妥当性構造」（plausibility structure）である。これは、何でもよい、ある特定の現実定義がそのなかではじめて妥当性をもつような社会的文脈を意味する。宗教組織はいつでもこのことを意識してきた。Extra ecclesiam nulla salus——「教会の外に救いなし」という古典的なカトリックの公式を例にしてみよう。これを社会学の用語に翻訳するとこうなる。「適切な妥当性構造の外部にはいかなる妥当性も存在しない」。こう考えたらいい。もしあなたがチベット仏教の閉鎖的な共同体にいる唯一のカトリックであったなら、あなたはカトリックとしてのアイデンティティを維持していくことが非常に困難であろう。けれどもカトリックがもう一人いたら大いに助かるだろうし、同じように、あなたが外部のカトリックたちと連絡を取り続けることができたなら、それも少しは助けになるであろう。結果としてベストなのは（ここで「ベスト」というのは、カトリックとしてのアイデンティティという観点から見て、という意味である）、チベット捕囚の状態から脱出し、カトリックがたくさんいる場所へ帰還をはたすことであろう。もちろん非宗教的な信念や価値観の妥当性構造にも、これと同じ考え方があてはまる。町のなかでたった一人のマルクス主義者、たった一人のフェミニスト、たった一人の……でいることはむずかしいのだ。

近代と相対化の話にもどろう。前近代社会にあっては、妥当性構造は強固で安定しているのが通例である。近代が始まるとともに、多元化が妥当性構造をもろく一時的なものに変えてゆく。われわれはみな、全体社会を包み込むところまで拡大されたアッシュ実験の「カモ」となるわけである。それゆえわれわれは、はるか昔、「不信者と、つり合わないくびきをともにするな」（「コリント人への第二の手紙」第六章一四）とキリスト教徒に訓告したとき、使徒パウロがよく理解していたように、どんな人間たちを会話の相手にするか、その分いっそう注意深くなければならなくなる。会話についてのそうした警告がない場合には、認知的妥協に備えなければならないのである。

## 相対化は宗教に何をもたらすか？

相対化とその認知過程が宗教に何をもたらすかを肌で感じたいのであれば、ちょっとした観光旅行をおすすめしたい。ワシントンへ行き、車を借りるかタクシーに乗って、ホワイトハウス付近からウォルター・リード陸軍病院方面へ十六号線を北上してみられるとよい。二ブロックも過ぎると、そこはもうまぎれもない宗教的多元性の狂宴のまっただ中である。宗教関係の建築物なしのブロックはほとんどないという通りが北へ向かって何マイルも続いている。アフロ・アメリカンのものも含め、ありとあらゆるプロテスタント教派の教会がある。ローマ・カトリック教会の大教区がある。ギリシャ正教またセルビア正教の教会がある。米国ユダヤ教の三流派を代表するシナゴーグがある。ヒンドゥー教センターがあり、仏教センターがあり、バハイ教センター（バハイ教は十九世紀中葉、イランの宗教家バハーウッラーが創始した宗教）があり、ベトナム語の銘が書かれた巨大な寺院（おそらくかの国で激増している混淆的な宗派のひとつのもの）がある。もし宗教的巨大建築群のリスト中にこれも入れたいというのであれば（それは議論の余地のあるところだが）、フリーメーソンの大会堂もある。イスラムの建物は見受けられないようであるが、ワシントンでいちばん大きなモスクは通り二つ離れているだけである。

ワシントンのこの区域がなぜかくも宗教的に肥沃になったのかということに限れば、答えを見つけるのにさしたる調査はおそらく必要あるまい。たぶん区画規制と何らかの関係があるはずである。けれどもここで、こんな疑問がどうしても浮かんでくる。ここにいる人々、およそこうした宗教的な建造物にいる人々は、おたがいに口をきくということをしないのだろうか？　ここで言いたいのは公式の宗教間対話といった話――たとえば「ユダヤ教と仏教の協議」のような――ではない。われわれが言いたいのは親しい日常的な会話である――たとえばセルビア正教の聖職者とバハイ教センターの所長との。そうした会話はあるにちがいないとわれわれは想像する——たとえば駐車場問題だけでも理由は十分である。かりに、バハイ教の大切な行事があり、それにセルビア正教の駐車場が使用できれば好都合だとしてみよう。そうなればおそらく、その件について会話がかわされる。だが、会話はそれだけで終わるだろうか？　たぶんそうではあるまい。どちらかがそのことに実際に気づくまで、二人の対話者は認知的感染地帯に深く入り込むことになるであろう。

（ついでながら、宗教社会学的観光旅行という話題に関して、もうひとつの提案をすることができる。今度はハワイの道路沿いの風景だ。車に乗ってホノルルを出て、オアフ島の反対側までパリ高速道路で行ってみるといい。ひとはそこでワシントンとまるで変わらない多様な宗教的売込みの列を目にすることになるであろう。違いはただひとつ——予想されるように——アジア系諸宗教がより目立つことくらいである。二つの場所がいずれもアメリカ合衆国なのは偶然ではない。これとは別な脈絡でタルコット・パーソンズがつくった用語を使うなら、アメリカは宗教的多元性の「前衛社会」なのだから。）

　ワシントンにおけるバハイ教とセルビア正教の駐車場をめぐる交渉がどう決着するかはともかく、たしかにおもな宗教的伝統はたがいに話し合う場をもってきた。このような宗教間の対話にははるかに古い前例があるけれども、それが急増してきたのは十九世紀末における大きな催し——一八九三年にシカゴで開かれた世界宗教会議（ちなみにヴェーダーンタ・ヒンドゥー教〔十九世紀中葉、インドの宗教家シュリー・ラーマクリシュナが創始した宗教で、教団は通称ラーマクリシュナ・ミッションとよばれる」とバハイ教はここで初めてアメリカ人に紹介された）――以後のことである。こうした対話がここ五〇年で激増した結果、それは宗教に関心をもつインテリの注意を集める小産業となり、いくつかの大きな宗教組織（そのなかにはバチカンや世界教会協議会ＷＣＣも含まれている）においては専門部局という形式があたえられるにいたっている。さらに今日ではこれをテーマとする文献も夥しく出されている。ここではこうした発展を概観することができないが、こうした宗教間の会話に参加するキリスト教徒がとってきた主要な立場を簡潔に描いておくことには意義があろう（非キリスト教徒がとりうる立場を説明するうえでも同一のカテゴリーは有効であるとお考えいただきたい）。

三つの典型的な立場が言われてきた――「閉鎖主義」（exclusivist）、「多元主義」（pluralist）、「開放主義」（inclusivist）の三つである。「閉鎖主義」の立場は相対化の過程をまったく認めないか、認めるとしてもごくわずかである。キリスト教が絶対の真理だと力強く再び主張するのだ。予想されるように、この立場は（カトリックであれプロテスタントであれ）教義の正統性とよく結びついている。とはいえ、この立場を他の信仰の信奉者に対する敵意や侮蔑と同一視するのははなはだ不当であろう。しばしばそれは自分と異なる宗教的伝統への敬意の念、時にはさらにいつでもそれらから学ぼうとする心の準備さえともなっている。けれども、信仰の中心と目される概して非常に多くの教義上の命題についてはいささかの認知的妥協もないのである。

これとは対照的に、「多元主義」の立場は自己以外の伝統にも可能な限り真理の地位を認め、認知的取引の過程でキリスト教の歴史的な教義をいくらでも放棄しようとする。「多元主義」的立場の重要な代表が英国のプロテスタント神学者で、並はずれて多作で明晰な著述家ジョン・ヒックである。ヒックはたいへん生彩に富んだ比喩を思いついた。彼は宗教について考えるさい「コペルニクス的転回」が必要だと言うのだ。キリスト教徒は伝統的に自分たちの信仰が世界の中心であり、それ以外のすべてのものはそのまわりをぐるぐる回っているのだと考えてきた。そこでヒックはこう忠告する。いまや彼らは、自分たちの信仰は絶対的真理――われわれが完全に到達することは不可能な真理、われわれがたまたま腰かけている惑星の視覚からただ部分的にのみつかまえることができる真理――という太陽のまわりを回る数多くの惑星の一つだと考えるべきなのである、と。これは魅力的な比喩であるが、いくつかの「惑星」はまるで太陽を拝めないという可能性を、ヒックは排除しようとしているように思われる――言葉をかえれば、彼はあらゆる「惑星」的視点に等しく妥当性があると暗に言いたげだ。しかし、そういう視点のいくつかが鋭く矛盾し合っていることを考えると、これは成立しにくい議論ではある（ヒックはこの問題に気づいており、道徳的帰結という観点から信仰を区分することでそれを解決しようとしている。「よき」信奉者を生む宗教が「真実」だ、というのがそれだ。しかしながら、たとえ宗教が真理という問題と何らかの関わりをもつべきだとしても、これはまことに説得力のない区分基準である。科学にアナロジーを借りるなら、相対性理論の妥当性はアインシュタインが善人だったかどうかに左右されはしないのである）。

予想されるとおり、「開放主義」的立場は中間に位置する。それはひとつの伝統の真理性要求を強く肯定するが、自己以外の伝統に真理が存在する可能性をできる限り前向きに受け容れ、種々の認知的妥協をおこなう過程で自己の肯定的な伝統の要素をもすすんで放棄しようとする。この立場をとる場合、中心的なものと周縁的なものを区別する何らかの方法をもたなければならない（後者はアディアフォラ、あるいは「どちらでも違いはないもの」の範疇に属すものである）。もちろんこの区別が立てられれば、ひとは伝統のどの要素はいかにしても守られるべきで、どの要素は捨て去っても心配ないかを決定できるようになるわけである。

もちろん三つの立場は（マックス・ウェーバーの用語を使うなら）「理念型」であって、三者を分かつ境界線はいつも明確というわけではない。またそれらは有益でもあろうが、経験的にはどれにも一定の危険性がつきまとう。「閉鎖主義」は現代文化の重要な諸局面に対して敵対的な構えをとることになろう――相対化の圧力を考えるとこれは維持してゆくのが困難な構えであり、相対主義の変種へと突如崩壊してゆく可能性のある構えである。「多元主義」は早晩、「他者」のうちいくつかがあまりにも妥当性を欠いたり不快だったりするため、真理の担い手とはとても思えないという事実に直面しなければならない――その認識は真理が何らかの形で存在するという可能性そのもののニヒリズム的な否定にひとを追いこむか、反作用的に「閉鎖主義」的立場へひとを投げ返すか、どちらかであろう。「開放主義」についていえば、その危険性は、まさに何に「開放」し、何にそうしないかが不明確であり、やがて高度の混乱状態に陥りがちだというところにある。

西欧世界のひとがたいてい「開放主義」の立場に傾いているのはたしかであるが、宗教間の公式な対話に見られるこれら三つの立場は、二つの裏庭を分かつ垣根ごしに、あるいはさまざまな宗教組織から派遣された代表者たちが教義上の討論をかわす会議場から遠く離れたどこかほかの場所で、自分たちの宗教について語り合う一般人のレベルでも見ることができる。組織をめぐるこうした討論は、しばしば実在しない国同士の国境交渉といった性格を帯びる。たとえば、数年にわたって義認論〔罪人である人間が神によって義と認められるのは何によってかという理論〕をめぐる討論を続けてきたカトリックとルター派の神学者がいるとしよう。そしてさらに、双方とも合意し、少なくともこの教義によって二つの教会が分かたれることはもはやないと世界に向かって公表できるような ある文言に、彼らがついに到達したと想像してみよう。いやいや何も想像などしなくたってかまわない。こうした経緯は現に起きたことなのだから。だがひとは、こう問うてみなければならない。いったい何人のカトリックまたルター派の在俗信徒が各自の教会の公式教義について、たとえわずかなりとも知識——またついでにいえば、そうした教義に対する真面目な関心——を有しているのか、と。さらにまたこう問わなければならない。苦心して到達した神学的妥協は一般の教会メンバーの日々の信心と何か関係があるのだろうか、と。そして最後にこう思ってみなければならない。二つの在俗信徒集団間にある実質的な差異——神学者たちはその差異を取り繕っただけである——は、今後もなお存続すべきなのだろうか、と。

たとえば、たがいに通りの向かいに住み、一緒に遊び、ときに宗教の話もする——ふつうどちらかの何かの慣習のせいで——二人の十歳の女の子を例にしてみよう。ひとりはカトリック、もうひとりはユダヤ人である。ことによるとカトリックの少女は、ユダヤ人は自分たちのことを神に選ばれし民だと考えていると聞いたことがあるかもしれない。ことによるとユダヤ人の少女は、だれかに聞いたこと――カトリック教徒は自分たちの教会が完全な真理を有する唯一の教会だと考えているということ――に不安を覚えているかもしれない。こうしたことを話題にするとき、彼女らはどんな構えをとるのだろうか？　二人とも「閉鎖主義」の立場をとることがありえよう――そうよ、これが「私たち」の信じてるものよ。私とあなたはそれでも友達でいられるけど、どうしてもこういう違いがあるよね。あるいは、どちらかの少女が「多元主義」という場合もあろう。すべての道は神に通ず。結局のところカトリックとユダヤ教徒はいずれ明かされる究極の真理がどんなものか知らないという同じボートに乗り合わせているわけだから、それまでのあいだたがいに寛容でなければならないというわけだ。もし二人の少女がどちらも多元主義の道を進むならば、カトリックの少女は真理の教会はただひとつだけという考えを棄て、ユダヤ人の少女も選ばれし民という考えにもはや固執しなくなるかもしれない。とはいえ、いちばんありそうなのは二人の少女が「開放主義」に落ち着くという結末である。ユダヤ人の少女はそれまで抱いていたイエスに対するネガティヴな見方を、キリスト教徒になることなく修正し、カトリックの少女は自分の教会の外部、ユダヤ教のなかでも真理は見出しうることを認めるが、なおミサに出席し、ロザリオで祈り、ことによると教皇への大いなる尊敬の念を見せ続けるというわけである。言うまでもないが、十歳の少女は彼女らにとって重要な大人たち――親、先生、聖職者――から、また彼女らの活躍の場である友だち集団からも、大きな影響を受けるものなのだから。

さきにのべたように、宗教的知識人と一般信者（十歳の子どもであれ大人であれ）、いずれのレベルでもいちばん多いのは「開放主義」の立場である。自分がそのなかで育てられてきた信仰からまったく別な信仰へと改宗するひとは比較的まれである。ある伝統の内部でおこなわれる初期社会化の情動的引力は強力であり、それは通常、家族や友人たちの継続的影響によって強化されるからだ。それゆえ、少なくとも西欧社会では、たいていのひとがアメリカの宗教社会学者ロバート・ワズノウの言う「パッチワーク宗教」に捉えられることになる。つまり彼らは、自分のもともとの伝統、また他の伝統に由来するこまごましたもので、自分の私的な宗教的「キルト」を縫い合わせるのだ。フランスの社会学者ダニエル・エルヴュ＝レジェは大西洋の反対側に見られる同様な現象を説明するのに「ブリコラージュ」という言葉を用いている（この言葉の彼女の使い方は、それをつくったクロード・レヴィ＝ストロースにまでさかのぼる人類学の用語法とは大きく異なっている）。この言葉はおおむね「鋳掛け」という言葉で置き換えることができる――いろんな種類のレゴ・ピースからひとつの建物を組み立てると、時としてひどく風変りな構築物が出来上がるようなものだ。ほかにどんな要素が加わろうと、もともとの宗教的伝統がなお優勢である。だからたしかにひとはカトリックといえばカトリックなのだ――当人だけでなく他人からもそう認知される――が、もっと正確にいえば、「カトリックだ、け、れ、ど、も……」なのだ。「だけれども」の内容たるや、教会がその構成員に信じてほしいと思っていることからはるかに遠くへだっている場合もあろう。だからたとえばヨーロッパのデータは、輪廻転生を信じる自称カトリックが驚くほど多くいることを示していたりする。完全な「閉鎖主義」者や完全な「多元主義」者はともにごく少数なのである。「開放主義」へと向かう同じ傾向は道徳の領域でも見られる。アメリカにおけるいわゆる文化戦争は保守派・進歩派双方の活動的運動家によって闘われている。たしかに彼ら運動家の影響力は大きくなってきている――じっさい彼らは二大政党の支援団体の重要な一部になっているのだ。両派のパワーヒッターだけ見れば、文化戦争は非常にリアルである。だが調査データに表われているのは、激しい衝突が生じるような重要問題の多くに話を限定するならば、たいていのアメリカ人は両者の中間のどこかに位置しているということである。たとえば、たいていのアメリカ人は妊娠中絶を好まず、それに制限を加えたいと思っているが、だからといってそれを再び非合法にしたいとは思っていない。またたとえば、たいていのアメリカ人は同性愛に不賛成であるが、同性カップルたちによる市民連合の結成を認めることにはやぶさかでない（それを「結婚」と呼ばないかぎりは）、などなど。宗教と同様、道徳においても、たいてのひとは完全な相対主義に尻込みするが、何か特定の価値システムあるいは世界観の絶対主義的な肯定にも同じように用心深いのである。

## 「相対化の弁証法」の意味は？

ここまでのべてきたことは、相対化の過程は一方向的で不可避的な過程として生じるというように、おおよそ読めるかもしれない。まえ〔第一章〕に論じた近代化の理論もそうであろう。しかしながら近代化一般も、その特殊相関物たる相対化も、一方向的でも不可避的でもない。むしろ相対化の結果としてひとつの弁証法が生まれ、ある種の環境においては、それによって相対化は新しい形態の絶対主義へと急速に突然変異してゆくのである。この弁証法を理解することが重要である。

相対化、とりわけ初期段階における相対化は一般に大いなる解放として経験される。十九・二十世紀の欧米文学の多くはこの経験を大変詳細に描いた。そこにはたいてい、生まれ育った狭苦しい田舎から近代生活の広々とした地平へという人生の軌跡が含まれている。非常に多くの場合、そうした人生史は都市化という文脈のなかで展開する。主人公は村や小さな町から大都市へと移動するのだ。するとそこで洗練という大変容が生じる。古い偏見や迷信は放棄され、新しい思想や生活様式が熱心に取り入れられる。こうした経験の核心部分は、そのときひとはそれまで想像もできなかったような夥しい数の選択を突きつけられるようになるということである——キャリア、親密な人間関係、政治的・宗教的価値観、さらには自己自身のアイデンティティ定義まで。この過程がひとを浮き浮きした気分にさせる可能性をもっていることは疑う余地もない。非常に多くの場合、まさにそのとおりだ。

これのどこに弁証法があるのか? ごく簡単にいえばこうだ。すなわち、最初は大いなる重荷からの解放として経験された相対化そのものが、いまや大いなる重荷に変じてくるということ。ひとはいまや過去の失われた絶対的なものを郷愁をもって回顧するようになる。あるいはまた、新しい絶対的なものを探し求めるようになる。いまや求められる解放は相対性という重荷からの解放、近代という条件がもたらす数多くの選択からの解放なのだ。

この重荷がどんな性質をもっているかを、言い古されたアメリカのジョークは簡潔にとらえている――このジョーク、なるほど上出来とはいかないが、ここでは役に立つ。温暖な州に場面を設定してみよう。二人の友人が顔を合わせる。一人がもう一人に言う。「浮かない顔をしているねえ。なんでそんなに元気がないのさ。まだ職がないの?」すると相手はこう答えた。「いやいや、先週就職できたんだ」。「で、それはどんな仕事?」「うん、このオレンジ園さ。木陰にすわってると、オレンジ摘みたちがぼくんとこへオレンジを持ってくる。するとぼくは、大きなオレンジは大きなオレンジでかごに入れ、小さいのは別なかごに入れ、中くらいのはまた別なかごに入れるのさ。一日中こればかり。木陰にすわってオレンジを三つのかごに入れるんだ」。友人はこう言った。「わかんないねえ。ぼくにはかなり楽チンな仕事のように思えるけどねえ。それのどこが消耗なのさ?」するとこう答えた。「全部が全部、意思決定!」

ドイツ語にはこんな巧みな言い回しがある――Qual《クヴァール》 der《デア》 Wahl《ヴァール》（選択の苦悶）――これはオレンジ選別人が感じたことをよく表わしていよう。人間は選択するという行為に抵抗を感じる。その理由はたいそう深いもので、おそらくは人類の生物学的構造に根ざしている。だからこそ制度という、ゲーレンの言う「後景」の必要があるのだ。ここで思い出していただきたい。しっかりと機能している場合、制度はひとが選択することを不要にする――少なくとも当該の制度によって構成されている生活領域については。だがそれにもかかわらず選択という行為が避けられない「前景」が残るのであった。すでに論じたように、この「前景」を大幅に拡大し、結果的に選択しなければならない苦悶を強化するのが近代である。

　こうした状況にはいろいろな対応が可能である。たぶんいちばん多数派の人々は、死の不可避性に対処するのと同じやり方で選択という重荷に対処する――すなわち生活という忙しい仕事（busy-ness）に没頭することによって、またできるだけ考えるという行為なしに不可避の選択をおこなうことによって、そしてなんでも極力無難にすまそうとすることによって（最悪のシナリオなど、ひとはあまり考えないものである）。このほか、ぐっと少数派になるが、じっさいに頭で考え、そうした選択に対処するための何らかのやり方を思いつく人々がいる。われわれが本書において問題にするのは、絶対的、究極的に正しい選択だと公言するような権威を追い求めるあの集団である。

『自由からの逃走』と題された本のなかで、エーリッヒ・フロムは全体主義の心理を分析した。フロムの心理学的仮説にはいささかの疑念がありえようが、題名はうまく選択されたもので、全体主義運動は自由という重荷から逃走しようとする企てである。全体主義はじっさいにある種の解放である。「全部が全部、意思決定！」に巻き込まれ脅かされたひとに、再生された絶対性という心地よい贈り物が差し出されるのだ。さきにわれわれは、ひとは自由であるべく呪われているというジャン＝ポール・サルトルの考えに言及した。この命題は人間の条件に関する記述としてはおそらく普遍妥当的でないものの、近代の人間に関する記述としては適切である、とわれわれは言った。

そして新しい絶対主義は、サルトルの「呪い」に屈服することへの断固たる拒絶からその生命を得るのである。

これは相対化への大いなる拒絶である。流儀はいろいろだが、新絶対主義の提案には非常に魅力的なこんなメッセージがある。「宗教的可能性の「パッチワーク」で途方に暮れていませんか？そこでわれわれがご提案するのがたったひとつの真の信仰。これにおまかせ下されば、あなたはご自身と、また世界とも平和にやっていくことができるんですよ」。道徳、政治、ライフスタイル、いずれについても、選択という目のくらみを鎮めようとする似たようなメッセージが売りに出される。そしてそのメッセージはウソをついているわけではない。そのとおり狂信家は、相対化の脅威と日々闘っている人々よりも心安らかであり、心引き裂かれることが少ないのである。けれどもある犠牲を支払うことによってこの平安は得られる。この犠牲がどんなものかを非常にうまく説明してくれるのが、「虚偽意識」(mauvaise foi) というサルトルのもう一つの概念である。サルトルはこれを、実際には自分が選択したものなのに、その反対に自分の選択を超えてのしかかる必然性であるかのように見せる偽装と説明する。サルトルがあげるのは好色な事例である。ある男が女性を誘惑しようとしているところだ。彼は手を彼女の太ももに押しあてる。彼女は彼の下心がわかっているが、それを止めようとせず、何ごともないかのようなふりをしている。言葉をかえれば、彼女は誘惑されることを選択しているにもかかわらず、何ごとも起きていないかのように行為することで選択の事実を否定しているわけである。この否定が虚偽意識だとサルトルは言う。あらゆる狂信の核にある絶対的なものへの降伏もまた然り、とわれわれはつけ加えたい。「私はこの真理を選択したのではない。真理が私を選んだのだ。それが私にのしかかり、私は抵抗できなかったのだ」というわけである。こうした自己欺瞞がたとえ非常によく機能しようとも、この「真理」はじつはかつて選択されたものだという記憶は、どう抑圧してもずっと残り続けるであろう。もし記憶がしぶとければ、新しい絶対主義が崩壊することも起こりうる――そして弁証法が再開するわけである。かくして、すべての相対主義者のうちには絶対的な確信をもって世に出ようと待ちかまえる狂信家が、またすべての狂信家のうちにはありとあらゆる絶対的なものから解放されることを待ちかまえる相対主義者がいる。われわれはファンダメンタリズムに関する議論のなかで、この弁証法に立ち帰るとしよう。

本章の大半は宗教に焦点をあてた。認識上また規範上の世俗的なイデオロギーあるいは世界観も、相対化の帰結を受け容れては逃れようとするこれと同一の弁証法にとらえられるのだと繰り返しておくことは重要である。絶対的な確信という約束は多様な形態をとりうるのであって、宗教はそのなかのひとつにすぎないのである。

# 第三章　相対主義

ごく簡単にいえば、相対化はひとつの事実、ここまでの章で論じた近代的諸発展の帰結である。それを嘆かわしく思うひともいれば、順応していくひともいるし、歓迎するひともいよう。相対主義はこれら三つのうち最後の選択肢を評したものと理解されるべきである。すなわち、相対性が喜んで受け容れられ、ポジティヴな規範的地位をあたえられるのである。第二の選択肢は中間的なもの、事実をただ認識するのと喜んで受け容れるのの中間である。すなわち、相対化を歓迎するところまではいかないが、それを不可避的なものととらえ、ひとはそれに合わせて自分の行動を調整するのだ。

## 宗教・道徳上の「他者」を見る目に相対化はどう影響するか?

かつて「キリスト教国」と言われた国々での宗教的独占の喪失に対するローマ・カトリック教会

の進歩的対応は、前記の三つの選択肢のうち二つの明確な例証となる。十六世紀のプロテスタンティズムによる宗教改革は、かつての独占に対する最も重要な挑戦であった――そしてローマ教会はこの事実を受け容れる準備がまったくできておらず、むしろ必要とあらば武力を用いてでも、全力を尽くして近代化を阻止しようとした（選択肢1）。宗教改革がもはや制圧できないものとわかったとき、教会の指導者たちには相対化に順応してゆく以外に選択肢はなかった（選択肢3）――はじめに彼らの精神が変化したからでなく、彼らに変えようもない事情が彼らにそのように強いたからだ。そうした事情のうち、ヨーロッパにおける宗教戦争はウェストファリア条約で終わり、異端審問所はいささか退屈な官僚制へと姿を変え、プロテスタントたちとのコミュニケーションによそよそしい丁重さという態度が入ってきた。ずっと後の一九六〇年代、宗教的自由を宣言した第二次バチカン公会議は、プロテスタントの「絶縁せる同胞たち」に対する旧来の態度から重要な一歩を踏み出したが、なお相対主義は是認しなかった。じっさい現在のカトリックは相対主義に対して、いまなおそれを喜んで受け容れるというより、それに順応しているのである。もしこれにいささかでも疑いがあるとしても、ローマ・カトリック教会こそキリスト教の完全な真理を占有する唯一の宗教団体だと再確認する最近の回勅は、相対主義的な選択肢を断固拒否しているのである。

世界のなかでかつて堅固なカトリック圏と思われていた地域、ラテン・アメリカでプロテスタンティズム（たいていそれはペンテコステ派のそれである）が急成長すると、カトリック教会はかつてと同様な脅威に直面した。まことに幸運にも脅威を取り去るため強硬な手段を使用しようと思えばできた司教もいなくはなかった――事実、プロテスタントの教会や個人に暴力をふるう事件も起きた。だがローマ教会はもっと穏やかなアプローチをとった。ローマ教皇ベネディクト十六世はプロテスタンティズムは危険な勢力であると語った（ここにはエキュメニズム的な礼儀が微塵も見られない）が、いかなる形態の抑圧も意図していない。むしろ彼は、カトリックの群れから迷い出てしまった人々を取り戻すために、集中的な「キリスト教改宗」（evangelization）キャンペーンをおこなうよう強く迫ったのである。言いかえるなら、カトリシズムは相対化の事実を認め、教会の行動はそれに合わせて調整されたが、相対化が規範的な是認を受けたわけではないのである。

前章で論じたように、ジョン・ヒックの著作に見られるような宗教間関係に関する「多元主義」的な立場――ここで「相対主義」と呼んでいるもの――は、宗教史における重要な新局面としての相対性を実際に歓迎する。宗教上の「他者」が敬意を払われ、自分と違う信仰と実践に自由があたえられるだけでなく、「他者」の世界観は現実に対する有益な視点と見なされる。言葉をかえれば、「他者」は妥当な真理の前触れとして喜んで受け容れられるのである。

この手の相対主義は宗教に限られたものではない。それは道徳にもあてはまるのだ。相対主義的な見方からすれば、単独で普遍妥当性のある道徳システムは存在せず、すべての、あるいはほとんどすべての人類文化の道徳的な価値観と行動が、自己の倫理的伝統に対する歓迎すべき付加となる。このタイプの相対主義にはいつでももちろん例外がありえよう――たとえば人間が犠牲になることを正当化する文化、奴隷制、女性を劣等な存在としてあつかうことは、倫理に対する価値ある貢献とは見なされまい。どんな社会も許容できる行動と我慢のならない行動のあいだに境界線を引かなければならないのだ。

イスラムの脅威をめぐるヨーロッパでの近年の議論のなかで、こうした境界線の必要性がたいへん明確になってきている。イスラムの行動のうちには、許容できると広く見られているものがある――たとえば祈りをあげるために仕事を中断するひとやスカーフで髪を被っている女性（後者については容認しがたいとするひともいるが）。しかしその一方には、明らかに容認しがたいものもある。たとえば「名誉殺人」や、女性の性器切除や、他の宗教への改宗を希望するイスラム信徒に対する死刑（これは実際問題のみならず理論的にも容認しがたい）。だがこれら両極のあいだにはグレーゾーンが広がっている。たとえば、娘が男の子と一緒にスポーツをすることをやめさせる親の権利や、神への冒瀆を法律違反とすることがそうだ。言いかえると（まえにあげた問いに返っていえば）、よく引き合いに出される「ヨーロッパ的価値観」なるものの境界線は何なのであろうか？

相対化の祝福の最終段階は、真理は到達しがたいものというひとつの否定を超えて、真理という観念そのものが無意味であり、放棄されなければならないという主張である。極端な相対主義者はこう論じる。歴史と社会のなかの自己の位置によって決定されるバイアスを逃れるのは困難だというだけではない。それは不可能であり、つまるところ望ましくもないものである。客観的な真理というようなものは存在しない。それどころか、客観的に立証できる事実というものも存在しない。あるのはただ、どれも等しい妥当性をもったいろいろな「語り」だけである、と。これがいわゆるポストモダン理論の見方であり、それについては本章でのちほど取り上げるとしよう。

世界に関する信念はそのひととの時間的・空間的な位置と相関しているという洞察は新しいものではない。たとえばヘロドトスもイブン・ハルドゥンも――両者は時間的・空間的に離れている――そう言っている。近代西洋思想史において、それは最初十七世紀に、パスカルによって簡潔な命題をあたえられた――ピレネーの片側での真理は逆側では誤謬だという言葉がそうだ。パスカルの思想のなかでは、これは彼のもうひとつの有名な命題、信仰の賭けの命題と関連している。ひとは宗教の真理性について（まさしく真理を主張するあらゆる確言の相対性のゆえに）確信がもてないのだから、信仰はある意味で負けることのない賭けである。もし宗教が真理であるなら、信仰はその正しさを後生《ごしょう》というかたちで栄光のうちに証明されるだろう。だがもし真理でなく、後生も存在しないのであれば、ひとは賭けの結果を知ることができないのである。

近代哲学は、十七世紀に懐疑を方法論的基本原則にまで高めたルネ・デカルトとともに始まる。すべてが懐疑に付されうるという事実を前提にした場合、いったいひとは何を確実視できるのだろう、と彼は言ったのである。デカルトはこの問題に、疑うことのできない唯一のものは疑っている自分であるという主張で答えた。言いかえるなら、確実性への希求は疑う余地がない現実とされる主観的自我にまで縮減されたわけだ。すなわち、「われ思う、ゆえにわれあり」。これは偉大な「主観性への転回」と呼ばれ、数世紀にわたって西洋哲学を支配してきた。

しかしながら、まさしくこの自我思想はその相対性への洞察によってしだいに土台を掘り崩された。それは普遍的な思想ではなかったのである。太古の考えでは、個々人の自我はいつでも氏族や部族という集合的自我のうちに埋め込まれている。「私とは私の部族がそうであるところのものである」というわけだ。デカルトの格言をひっくり返せばこうだ。「わが部族あり、ゆえにわれあり」。だが洗練された理論化のレベルでも、自我の確実性なるものは自明視することができない。間違いなくヒンドゥー思想の頂点をなす聖典群、ウパニシャッド哲学では、個々人の自我はついには宇宙の最も内奥の実在と同一視され、アートマン〔自我の本質・霊魂〕はブラフマン〔宇宙の根本原理〕に吸収される。そしてさらにラディカルに、仏教の全学派の基本的な命題のひとつは自我の実在性の否定なのである。

## ポストモダニズムとは何か？　そしてそれは西洋的世界観にどう調和するのか？

近代西洋思想のなかでたえず深まり続けてきた相対性感覚、したがってまたあらゆる現実定義に対する不確かさの感覚は、これまではかりしれない影響力をもち、またいまでももち続ける三人の飛びぬけた人物につながっている――マルクス、ニーチェ、フロイトがそれである。マルクス（彼についてはは近代社会学の定礎者として第一章で言及した）は、真理の概念は個々人の階級的立場と相関していると主張した。観念というものは「上部構造」であり、それはつねに進行中の階級闘争という「下部構造」によって決定される。ニーチェはより一般的に権力への意志という観点から相対性をとらえた。観念は権力闘争の武器だと彼は論じたのである。一方フロイトは、観念を潜在意識的な願望の合理化と見た。三人の思想家はみなニーチェのいう「不信《ミストゥラスト》の技術」、自我の観念も含めて、人間がいだく観念というものは個々人の社会的・心理的条件と相関しているという洞察に必然的な土台を置く「不信の技術」を発展させた。ついでこの「技術」は二十世紀知識社会学によって、ポスト・フロイト派の心理学によって、さらには神経学における脳機能の諸発見によって発展した。哲学者エルンスト・マッハが自我の観念は批判に耐えない（unrettbar――救いがたい）ものとなったと提起したのは、二十世紀初頭のことであった。だがひとは、こうも言うことができるだろう。すなわち、相対化論者自身たえず相対化され、その過程で相対主義は不条理へと還元されるのだ、と。

「不信の技術」のこうした発展における最新の局面が、いわゆるポストモダニズムの理論である。これは主として二十世紀の二人のフランスの思想家、ミシェル・フーコーおよびジャック・デリダと結びついているが、アメリカ合衆国ではそのアプローチをいくぶんマイルドなかたちにしたものがリチャード・ローティによって提起されている（彼はこの理論をプラグマティズムというアメリカの伝統、とりわけジョン・デューイによって広められたそれに由来する思想と結合させている）。フーコーもデリダもニーチェへの恩義を認めているが、ポストモダニズムはラディカルな認識論的革新として賛美されたり攻撃されたりしてきた。前に概略した思想の歴史を考えるなら、ポストモダニズムが偉大な認識論的躍進だというのは疑問に思われる（それはたしかに奇抜で少なからず曖味な語彙を生みはしたけれども)。ただいずれにしても、ポストモダニズムの理論が相対主義的伝統の非常にラディカルな再表現となっていることは確かである。

前記の主だった三人(以前のラディカルな立場からいささか距離を置くようになっているローティも含めて)の思想家のあいだには違いがある。けれども、ポストモダン理論の主要な立場は次のように簡潔に定式化できるであろう。

「知識」の名で通っているものは(ニーチェが主張したように)つねに権力闘争の道具である。利害を離れた知識などという主張は棄却されるべきである。権力の利害の外部にある客観的事実など存在しない。客観性という概念そのものが幻想であり、実はそれ自体、特殊な権力利害によって規定されている。たとえば、ヨーロッパの学者たちは中近東の社会や文化について客観的に知っていると主張するが、この知識なるものは実際には帝国主義と植民地主義の道具にすぎない(この例はエドワード・サイードの著作『オリエンタリズム』のなかで大変うまく精緻化されており、この書はポストモダニズム理論における一種のイコンとなっている)。

客観的に妥当な知識の集合など存在せず、存在するのはただ既存の、あるいはあるべきなんらかの権力構造に奉仕するさまざまな「言説」だけである。言説はどれも「ナラティヴ」(語り)の集合である。たとえば植民地主義のナラティヴと反植民地主義のナラティヴがある。権力構造が変われば従来のナラティヴも変わらなければならない。たとえば、かつて日本のナショナリズムは英雄的軍国主義のナラティヴを育んだけれども、日本が第二次世界大戦で敗北し、民主主義体制による権力が受容されると、平和国家としての日本というナラティヴが出現した。それ以来、新旧のナラティヴはしのぎをけずってきたが、どちらが日本史のナラティヴとして正しいかをめぐる論争は国内政治（歴史教科書をめぐる論争のように）と外交（歴史教科書における日本帝国主義の記述に対する中国および韓国の激しい反発に見るように）いずれにおいても突出して重要である。どちらのナラティヴがより大きな妥当性を有するか、決定しようとするのは幻想じみている。異なったナラティヴ間には真理のヒエラルヒーなど存在しない。すべてのナラティヴは少なくとも原則的には等しい妥当性を有するのだから、どのナラティヴがより真理に近いかを言い争っても無意味なのである。そうするかわりに、ひとはあらゆるナラティヴを「脱構築《デコンストラクト》」しなければならない。すなわちこれは、それらが根ざしている権力利害を暴露することを意味している。これは極端なところまで進められた相対性である。最も過激なポストモダニストたち（とりわけデリダ）は、理性と経験科学によって真理を発見しようとする企ての総体を放棄すべきであると提起してきた（デリダはそうした企てを「ロゴセントリズム」とよぶ）。この企てが近代にとって核心的なものであるとするならば、そうした提起はまさしく近代の放棄にほかならない。換言するならば、啓蒙と縁を切るべしというわけである。

## 相対主義者はいかにして自己の相対化を回避しうるか？

どんな種類のものであれ、相対主義は一つの問題を共有している。相対主義の思想家は相対主義的「脱構築」から、どうすれば自己の思想を免除できるのであろうか。結局のところいかなる相対主義者も特定の時空間に位置しているわけだが、もしその人物の主張が正しいとするなら、他のどの人物とも同様に、その位置はその思想を決定しているはずである。換言するならば、相対主義者の思想は他の多くの「ナラティヴ」と妥当性において何ら変わることのないひとつの「ナラティヴ」にほかならないのである。この問題を解決するため、さまざまな流儀の相対主義がときに「認識論上のエリート」とよばれるもの——相対化の猛威を免れるとされる選り抜きの人間集団——を発案してきた。このエリートだけが真理の唯一の後見人となり、それ以外は誰ひとり「まったく分かっちゃいない」のである。言うまでもなく、相対主義の思想家たちは自分たちこそ真理のエリート後見人仲間であると主張することになる。

　マルクス主義の歴史はこの問題——相対主義の思想をいかにして相対主義的脱構築から救出しうるか——の、またそれを解決しようとする多様な試みの非常に明瞭な例証となっている。マルクスの思想は高度に相対主義的である。思想は額面どおりではなく、階級利害のイデオロギー的表現として理解されなければならない。思想をこのように理解しない人間たち（たとえばマルクスとはちがう思想をもつ人間たち）は「虚偽意識」のうちにある。ではいったい、だれが正しい意識を有するのか？　相当に入り組んだ議論のなかでマルクスはこの意識をプロレタリアートに割りあてる。彼らはその抑圧された状況によってイデオロギー的歪曲から自由なのである。言いかえれば、プロレタリアートこそ認識論上のエリートというわけだ。かくして正しい意識に満ちたプロレタリアートは、革命の担い手という地位をあたえられる。マルクスがいかにしていま言及した認識論上のエリートのメンバーたらんとしたかは判然としないままである——彼は申し分のないブルジョア出身の人間で、生涯の大半を通じ、成功した資本家であったフリードリッヒ・エンゲルスの経済的支援を受けた。おそらくひとは名誉プロレタリアート（指名プロレタリアートと言ってもいい）のようなものになることはできる。ゲオルク・ルカーチ（ネオ・マルクス主義者たちによって高く評価されている著作家であるが、ハンガリーのブルジョアの大変な御曹司であった）などもその雄弁な実例であろう。

それ以後のマルクス主義の歴史は、ひとつのはなはだ不都合な事実に対処しようとするさまざまな試みを示している。すなわちそれは、プロレタリアートはマルクス主義理論が彼らに割り当てた意識をはぐくむのに失敗したという事実である。先進資本主義国の労働者階級は、革命の担い手となるかわりに、資本主義システムを廃棄するために結集するよりむしろそれを改革しようとする社会民主主義的な政党および／または労働組合に忠誠を誓ったのだ。最初にマルクス主義革命が成功したのは労働者階級がごくわずかしか存在しない国、ロシアであった。この革命を指導したのはレーニンやトロツキーといったブルジョア知識人で、実働部隊は農民や周縁的な集団（マルクスがルンペン・プロレタリアートとよんだものがそれで、それはしばしば犯罪がらみの暗黒街と重なっている）から集められた。手なづけにくいプロレタリアートという不都合な事実はひとつの単純な命題へと導いたのだ。すなわち、認識論上のエリートはどこか別のところに位置づけられなければならない、というのである。

レーニンはエリートを共産党のうちに位置づけた。それは「プロレタリアートの前衛」とされたのだ。もし労働者階級がその革命的使命を果たそうとしなかったり、果たすことができないのであれば、党がそれになりかわってやるであろう。もちろん定式のこうしたやり直しは政治的にはたいへん有効である。この場合、党は真理の唯一の容器となり、党の方針から外れたものは（たとえその方針が劇的に変化しようとも）まさにそのことによってすべて虚偽意識となる。最優先の格率は単純である。党はいつでも正しい、これだ。この格率がもたらすであろう知的歪みは、レーニン主義的な党概念をその論理的かつ大量殺戮的な結論にまで導いたスターリン時代の文献に大量に記録されている。アーサー・ケストラーの小説『真昼の暗黒』はそうした文献の古典的な事例である。話が展開するのは一九三〇年代、血の粛清の時代である。中心人物である献身的な共産党員は、自分に科せられた罪はみなウソであり、〔罪を認めれば〕処刑が不可避であることを十分承知しながらも、ソヴィエト国家に対する自分の犯罪の長いリストを認める。彼がこうしたでっち上げの犯罪を認めるのはこの時期よくおこなわれていた見せしめ裁判の場においてである。言っておくが、彼がそうするのは、拷問にかけられたからでも、家族が脅迫されたからでも、慈悲が約束されていたからでもない。そうではなくて、それが生涯のすべてを忠誠心いっぱいに捧げつくした党に対して彼がなしうる最後の奉公だと審問官が説得したからなのである！　もちろん宗教には、このたぐいのイデオロギー的マゾヒズムが見られる。無謬の教会に無謬の党が取って代わっただけの話である。自分が何かを白いと思っても教会がそれを黒だと言うなら、私は快くそれは黒だと主張するであろうという意味のイグナティウス・ロヨラの言葉を思い起こしてみればよかろう。

　ヒューマニズム的傾向の強いマルクス主義者たちがレーニンの手前勝手な党概念に拒絶されたのは、驚くに足りない。第一次世界大戦寸前、右翼国家主義者によって殺害されたドイツの共産主義運動家ローザ・ルクセンブルクは、認識論上のエリートという問題に関するまた別な解決策を見出した。彼女言うところの「植民地人民」――はるか後に「第三世界」と命名されたもの――こそエリートとされたのだ。この見方によれば、改良主義的労働者階級も含めて、先進世界は全体として「ブルジョアジー」を構成している。階級闘争は、ブルジョアジーと植民地化された人民という定義しなおされた「プロレタリアート」との間でなされるというわけである。

　ルクセンブルクの思想は当時さほどの支持を得なかったが、第二次世界大戦後の「第三世界主義」のなかで元気を回復した。西欧のマルクス主義者（だけでなく実際には左翼とカウンターカルチャー的西欧人全般）がラテン・アメリカ、アフリカ、そしてアジアにおける革命運動のうちに真理を探そうとしたのである。「マルクス主義聖者《マルクシサント》」たる解放の神学者たちはラテン・アメリカの司教たちに、教会は「貧民のための優先的選択権」（preferential option for the poor）を持たなければならないと宣言するよう説得した。この優先権はふつう政治的に解釈される――「教会はつねに貧民の希望の味方でなければならない」――けれども、時として認識論にも適用される――「貧民はつねに正しい」。後者の格率はいくつかの重要な知的歪みにつながった。開発途上国で種々の残虐な、また腐敗した運動が熱狂的に信奉されたのは、それらが貧民のための行動だと称されたからである。ヨーロッパや北米の労働者階級が自分たちの前衛として共産党を選ぶことがなかったのとまったく同様に、貧民たちがこうした運動を自分たちの代弁者として選ぶことはなかったということは問題ではなかったのだ。

アントニオ・グラムシはマルクス主義的ヒューマニストのなかでたぶんいちばん魅力的な人物であろう。彼はその著作の多くを、イタリアのファシズム体制下、長期間そこで過ごした獄中で書いた。相対化される相対主義者という問題に対する彼の解決策はレーニンやルクセンブルクのそれよりもさらに空想的である。またそれはバツの悪いくらい手前勝手でもある。認識論上のエリートとは、こともあろうに知識人であることだというのだ。この結論に到達するために、グラムシはマルクス主義主流の下部構造／上部構造モデルに修正を加えなければならなかった。伝統的な見解は上部構造(そのなかには観念の世界のほか、文化という概念が意味するそれ以外の一切が含まれている)を下部構造(とりわけ階級システムと階級闘争)によって直接決定されるものと理解してきた。レーニンは上部構造を下部構造の直接的「反映」とよぶところまでいったくらいである。グラムシはこうした決定論を否定し、上部構造には固有のダイナミズムがあり、逆に下部構造に作用し返すこともあると論じた。そしてもちろんこうしたダイナミズムの担い手は知識人である。こういう見方が知識人のサークルや、とりわけ学生たちのあいだで人気を博したことは驚くに足るまい。一九六〇年代後半の激動のさなか、ヨーロッパやアメリカでは多くの反乱学生が自分たちの社会的役割を本質的なところでグラムシ流に理解していた。彼らはまことに本物の革命家だったのである。これとは異なった経路で同様な結論に達したのがカール・マンハイムである。ハンガリー生まれの学者マンハイムはいわゆる知識社会学を英語圏に持ちこんだ。彼の主張によれば、人間のあらゆる知識（純粋数学は例外の可能性があるが）はその社会的文脈によって決定されている――すなわち歴史的・社会学的に相対的である。だがこの決定論から除外される集団がひとつあるとマンハイムは言う――インテリゲンチャがそれだ。マンハイムはこの集団を「自由に浮動する知識人」（freischwebende Intelligenz）とよんだ。マンハイムの見方によれば、彼らが相対化に対して免疫があるのは階級利害の欠如に由来する――その欠如が虚偽意識なしに現実を見る自由をインテリゲンチャにあたえるのだというわけである。こうした役割を知識人がいつでも果たすわけではないとマンハイムはよく知っていたが、規範的可能性としてそれを措定したのである。

ニーチェは認識論上のエリートを、思考の禁欲的な純潔さによって卑俗な利害を超越する「超人」という神秘的理念のうちに位置づけた。ニーチェはいささかも社会学者ではなかったから、この卓越せる種族の社会的位置づけはされぬままに終わり、おそらくはいまだ未来に属する何かとして理解されるべきであろう。ナチスはこの概念を取り上げ、「超人」の卓越性を人種論的に定義したが、自分の思想のこんな活用にニーチェが責任があるなどと考えるのは無理である。

もうひとりの偉大な相対主義者フロイトは精神分析を、抑圧と合理化という虚偽意識からの抜け道と見なした。フロイト流に見た場合、認識論上のエリートは精神分析を受けた者の共同体である。この見方は認知的不協和を解消するうえできわめて効果的な方法をあたえてくれる。精神分析の知見に異を唱える者はだれでもその不快な真理に「抵抗」しているのであり、分析という試練をくぐった者だけがそうした真理を理解することができる――それ以外の者は「まったく分かっちゃいない」――というわけである。

ではポストモダニストの理論は？　おそらくポストモダニストたちにとってエリートとは、この思想学派の深遠なる隠語をマスターした人々のことである。たとえば文学部で終身在職権を得たいと希望する若き学徒はだれでも、即座にこのことを理解するであろう。

「君には分からないのさ」――すなわち、もし君がわれわれの仲間でないならば――という定式の普及は特定のいわゆる思想学派をはるかに超えるところまでおよんでいる。たとえば、女性の抑圧という真実を理解するには女性でなければならないと主張するフェミニズム・イデオロギーがある。アフロ・アメリカンの関心が理解できるのはアフロ・アメリカンだけであると主張する「黒人意識」イデオロギーがある。ジェンダー、性的嗜好、人種、民族、その他なんでもいい集合的アイデンティティに取り替えてみていただきたい――そうすれば、さきにあげた相対主義の定式に出会うであろう。

## 相対主義の何がまずいのか？

相対主義がまずい最も重要な点は虚偽の認識論である。簡単にいえば、あらゆる流儀の相対主義が真理性を確証することの困難さを誇張しすぎることだ——少なくとも真理が経験的に求めうるとするかぎりにおいては。この世界にはたしかに事実というものが存在し、事実を確証しようとするときはじめて客観性というものが可能になるのだ。

物理的実在の事実性は哲学的抽象にとらわれているのでないかぎり、だれにとっても自明なものである。哲学史から有名なエピソードを引いてみよう。バークリー主教がジョンソン博士に、外界は自分の想像力の産物以外の何ものでもないという命題を反証する方途は存在しないのだと説明しようとしている。はっきりしているのは、この会話は二人の散歩中になされたということ。ジョンソン博士は石を道の逆側に蹴り、こう叫んだ。「ゆえにわれ反証せり」。路傍にころがっている石という物理的事実は、正気の人間ならだれでも主張できる——階級も、人種も、ジェンダーも関係なしに。

証明可能な社会的事実というのもある。社会学の発展における根源的命題のひとつは、「社会的事実はモノと見なせ」というエミール・デュルケムの教えである。ではモノとは何か？　われわれの意志に逆らい、好むと好まざるにかかわらずわれわれにみずからを押しつけてくるものの一切である。こうしたモノ的性格は言語をはじめ機能している制度のすべてにあてはまる。たとえば外国語を学習中の人間が、この文法は非論理的だとか、発音が変だなどと文句を言うとしよう。すると外国語の先生はこう答えることになるであろう。「申し訳ないが、これがこの言葉の文法であり発音なんだから――ひとに何を言ってるか分かってほしいなら、それを覚えなきゃ」。たしかにわれわれは他の制度同様、言語が変化しうること、ときに意識的に変化させうることを知っている。だが、社会のなかに制度ががっちりと確立しているかぎり、それらはこうしたモノ的な性格を帯びる。法律というものをとってみよう。この場合もひとは、それが非論理的だとか、不明瞭だとか、道徳に反するなどと意見を言うことはできる。それに対し弁護士は、先生が文法についてそうしたのとまったく同様に、こう返答することができる。「申し訳ないんですが、好むと好まざるにかかわらず、あなたの事件があてはまる法律はこうなっているんですよ」。

まえに言及したように、ポストモダニストたちが多用する用語が「ナラティヴ」である。それらは幻想にすぎないとされる「外在する」現実による検証を超えたものと想定されている。十九世紀ドイツの歴史家レオポルト・フォン・ランケは歴史科学を「現実に起きたこと」(wie es wirklich geschen ist)を理解しようとする努力と定義した。ポストモダニストたちはこうした考えを幻想的なものとして、またおそらくは望ましからざるものとして否定する。ポストモダニストたちによれば事実などというものは存在せず、――あるのはただナラティヴだけであって、すべてのナラティヴはみな認識論的に平等なのである(すでに見たように、ある種のナラティヴ――プロレタリアートのナラティヴ、精神分析を受けた者のナラティヴ等々――には認識論上の特権があたえられているのだが)。

事実とナラティヴの性質をよりよく理解するために、本書を書いている現時点で日中関係に非常に関わりのある出来事――いわゆる南京大虐殺――を見てみることにしよう。何が起きたのかをきちんと確定しようとして多くの歴史家が懸命に努力してきた。かつて中国の首都だった場所を占領したあと、日本軍がやりたい放題の殺戮、強姦、略奪を働いたことをしめす圧倒的な証拠がある。何千という市民が殺害されたのだ。こうした事実をナラティヴに帰することによって、それを否定することができるのだろうか? 日本人にも中国人にもナラティヴがあるとして、どちらが事実に近いかと問うことは無意味なのではないだろうか? おなじ問いはホロコーストにも発しえよう。事実があるのだろうか、それともただユダヤのナラティヴに並置すべきナチスのナラティヴがあるだけなのだろうか? ポストモダニストにできるのはただ、ひとつひとつのナラティヴをそれらが正当化している権力利害へと「脱構築」することだけである(考えてみれば、「真理とはドイツ国民に奉仕するものである」と宣言したナチス後期の宣伝相ヨーゼフ・ゲッベルスは早咲きのポストモダニストであった)。

なるほど、事実の客観的説明に到達するのはしばしば困難である。どんな観察者でも利害と偏見が立ちふさがる。だが、客観的であろうとする努力に見切りをつけていいという理由はまったくない。その努力はみずからの利害と偏見に対する自覚によって確実に高められるものなのだ。そういう努力をちゃんとしてきたかどうかを見分ける簡単な方法がある。証拠によって迫られることで自分の利益や偏見に反する事実をのべるようであるならば、その観察者は客観的である可能性が高いのだ。

さて以上の考察は――たとえば物理学者や歴史学者や社会科学者たちによって――経験的に確かめうる事実にあてはまるものである。だが一方には、道徳的あるいは宗教的な真理主張、経験的な吟味がなじまない真理主張が存在する。奴隷制が非難すべきものかどうかを歴史学者は決められないし、社会科学者は神の存在を確証も否定もできない。しかしながら、なんらかの道徳、あるいはなんらかの宗教の妥当性について判断を下すために理性を用いることは、それでもやはり可能なのだ。本書ではのちほど、この問題について立ち帰ることにしよう。

社会科学ではポストモダニスト的アプローチを表わすものとして「構築主義」なる言葉が広く流通している。すなわち、客観的事実など存在せず、存在するのは利害に駆られた「構築」だけだという考え方である。この「構築」constructionという言葉は、もともとはまず間違いなくピーター・バーガーとトーマス・ルックマンの著書『現実の社会的構築』（*The Social Construction of Reality* 一九六六年）〔邦訳タイトルは『現実の社会的構成』（新曜社刊）〕を言外に指示しようとするものであった。いみじくもマルクスが「私はマルクス主義者じゃないよ」と言ったとされるように、バーガーとルックマンはくり返し「われわれは構築主義者ではない」と公言してきた。ポストモダニストの理論と新たに定式化したバーガー／ルックマンの知識社会学を比較してみることは、ポストモダニズムの何たるかを明確にするうえで有益である。バーガー／ルックマンの本の「構築」という言葉が不運だったのは、たぶんそれが無からの（ex nihilo）創造を意味しているかのように――あたかも「ここにはわれわれが構築したものでないものはない」と言っているかのように――受け取れるところにある。だがそれは著者たちの意図するところではなく、彼らはそうした見方に与するにはあまりに大きすぎる影響をデュルケムから受けていたのである。彼らが提起しようとしたのは、あらゆる現実は社会に由来する解釈に付されるということであった。ポストモダニストの理論の多くが提起しているのは、すべての解釈は妥当性において平等であるということだ――これはもちろん人間の歴史や社会に対するありとあらゆる学問的なアプローチの終焉という結果を招くであろう。またポストモダンの理論家のなかには、そうした解釈のほか、あるいはその外部には何ひとつ存在しないと唱える者がいる――これは統合失調症の臨床的定義、すなわち現実と幻想を区別できない状況に近づいてくる。簡単にいえば、経験科学として自己を理解するあらゆる知識社会学とポストモダニズムとのあいだには差異の世界があるということである。

　相対主義はどんな形態のものであれ日常生活の常識的経験と矛盾する（これこそまさしく石を蹴ったときジョンソン博士の念頭にあったものだ）。われわれの意思に逆らうが、合理的な手続きによって客観的に接触できる外的現実というものがあることを、常識は認めている。たとえポストモダニズムの理論家でも、日常生活のなかではこうした想定のもとで動いている。たとえば、ポストモダニストが医者に診てもらうとする。彼が腫瘍が良性か悪性か知りたいと思っているとしよう。

すると彼は医師に、客観的な診断方法にもとづいて答えてくれるもの、また患者に対する個人的な感情など一顧だにせずそうするものと期待する。あるいは、学生が学期末レポートを出したとしよう。彼女は教師が「公平」に——つまりいかなる個人的感情からも離れて客観的に——採点してくれるものと期待する。その学生は、理論的にどんな傾向にあろうとも、もし教師がレポートに落第点をつけたうえ、こんなメモを書いて返却してきたなら、猛烈に抗議するであろう——「私は虫酸がはしるほどあなたが嫌いだから、落としました」(もしこんなメモだったら学生が抗議することはあるまい——「私はあなたが好きだから、Aをあげます」。だが原理的には同じことである)。日常生活の自明な経験に矛盾する理論にはどこか無理がある。理論の目的は経験を解明することであって、それを否定することではないのである。

ここまでの議論をお読みになった読者は、相対主義とは主として理論家たちの暇つぶしなのだとお考えになるかもしれない。もしそうだとしたら、それは重大な誤解である。それどころか相対主義はとりわけ西欧社会にあって、日常生活に深く侵入しているのだ。それは相対主義の理論が多くの改宗者を得たからではない(教師が相対主義的な思想をふりまくような教育システムを通過する人間の数が増加しているというかぎりでは、それもたぶん当たっているのだが)。それよりむしろ大衆的な相対主義は、本書の前章で論じた多元性の広範囲な影響をますます多くの人々が経験しつつあることとの結果なのである。歴史は拡大版の理論セミナーではない。それを形づくるのは多数の人々の生きた経験であって、彼らの多くは知識人たちが論争を闘わす理論に対して知識もなければ関心もない。だから相対主義が広がっているのは、第一義的には知識人たちの宣伝のおかげではなく、人々が職場や裏庭の塀越しにかわす、あるいはまた生活背景の異なる子どもたちが幼稚園でかわす無数の会話の結果なのである。

相対主義には認識論上の欠陥があるとわれわれは論じてきた。それは政治的にも危険性がある。われわれはここでもエミール・デュルケムの核心的洞察を引き合いに出すことができる。すなわち社会はなにがしかの共通の価値観（これを彼は「集合意識」とよぶ）なしにはまとまることができないということである。もしそうした共有の価値観がないならば、個々人の行動選択が完全に恣意的なものとなるために、社会は解体しはじめるであろう。道徳は各人の特異な好みの問題となり、公共的議論の対象たることをやめるであろう。「君は奴隷制がOKだと思ってるけど、ぼくは思わないね。君には自分の意見を言う権利がある。ぼくはそれについてあれこれ言おうとは思わない。ぼくは自分の見方を君に押しつけるつもりはない」というわけだ。これがアメリカの政治家たちがしきりにとってきた立場であることは、偶然でも何でもない。「妊娠中絶は殺人だと私は思う――が、私は自分の見解を押しつけようとは思わない」というふうに。この立場は知的な首尾一貫性がない（うえ、ほとんど不誠実である）というだけではない。公共生活は道徳となんの関係もないということをそれは意味してもいるのだ。もちろんさきの政治家はそんな意味合いがあることを否定するであろうが、それでもやはりそれは実際にあるのだ。

相対主義は社会的道徳よりむしろ個人的道徳にかかわるときニヒリズムへの呼び水となる。またそれをデカダンスと評することもできよう——すなわちそれは社会をたばねている諸規範が空洞化し、幻想じみておそらくは笑うべきものとなり、(最も重要なことには)他の人々も社会的に共有された諸規範にあわせて行動するだろうという信頼がむしばまれてゆく状況と定義できる。デカダントな社会には大した未来がない。それは自己の存在そのものへのきわめて現実的な危険に対してさえ、みずからを守ろうとする意志に欠けているからである。

# 第四章　ファンダメンタリズム

近年の言論のなかでは、「ファンダメンタリズム」という言葉は非常にずさんな用いられ方をしている——学界でも、メディアでも、またとりわけ日常言語でも。たとえばイスラムの自爆テロリストも、福音派の伝道師も、守旧的な正統派ユダヤ教徒も、みな「ファンダメンタリスト」とよばれるのだ——この大まかすぎる語法は深刻な認識の欠陥へひとを導く。ときにはあたかも宗教への熱心な傾倒はみな「ファンダメンタリスト」だと見なされているかのようなのだ。こうしたことを勘案すると、この言葉の語源に注意をはらっておくことが有効であろう。それはアメリカ・プロテスタンティズムのきわめて特異な環境から生まれた言葉なのである。

## 「ファンダメンタリズム」という言葉はどのように生まれたか？

二十世紀初頭、二人の裕福なロサンジェルスの在俗信徒が、リベラルな近代主義的神学の侵略から保守的なプロテスタンティズムを守ろうとする小冊子のシリーズを制作・頒布するための財源にしようと、二十五万ドル（当時としてはおそるべき金額である）の基金を設立した。当時すでにこの行為が反動的——宗教的真理に対する脅威と見なされた風潮への反動——であったことを理解しておくことは重要である。そのシリーズは「ファンダメンタルズ」（"The Fundamentals"）と名づけられた。一九一〇年からはじめて全部で十二冊のブックレットが刊行され、広く頒布された。第一次世界大戦直前、第十二巻が出るまでに三百万部のブックレットが頒布され、英語圏のプロテスタンティズムにおけるファンダメンタリズム運動とよばれるようになったものの嚆矢となった。

運動はエキュメニカルかつ国際的であった。正説として公表されたのは基本的に改革派教会のそれであった（当時その最も強力な代表はプリンストン神学校であった）が、執筆者には米英両国の有名な長老派、英国国教会、バプテスト派の信者が含まれていた。当然ながら、執筆者のあいだには重要な違いがあった。けれども、そうした違いにもかかわらず、運動の輪郭を定める数多くの共通なテーマがあった——聖書の唯一無二な権威、また聖書が物語る超自然的な出来事の強調、回心とイエス・キリストとの個人的なかかわり、また厳格な道徳的典範への信仰がそれである。こうしたテーマはアメリカ合衆国やイギリスで「福音主義」とよばれる幅広くきわめて多様な共同体にとっても中心的なものでありつづけているが、そうした共同体のたいていのメンバーは「ファンダメンタリズム」という言葉を拒否している。「ファンダメンタリズム」という名称はそもそものアメリカ・プロテスタンティズムの文脈でさえむしろ重要な違いを覆い隠す疑わしいものなのである。

ヒンドゥー教や仏教は言うまでもなく、ましてやそれがイスラムやユダヤ教に適用されるとなると、ますます疑わしいものとなる。言葉づかいをさらに疑わしいものとしているのは、このほかさらに世俗的「ファンダメンタリズム」なるものが存在することだ。それが意味するのは、往々にして激しい好戦性をしめすある種の宗教運動とよく似たまことに多様なイデオロギー的献身である。

　これは社会科学者にとって大変おなじみの問題である。日常的言論、学問的言論いずれにおいても、言葉は広く用いられると曖昧さをましていく。ひとは二つの方法のどちらか一方でこれに対処できる。個人または集団はそうした曖昧な言葉を完全に避け、独自の新しく鋭利に定義された専門用語をつくることができる（そうした専門用語はたいてい日常の言語に対して野蛮な働きをするうえ、さらに悪いことには、社会科学者の著作を玄人以外の人間にとって理解不可能なもの――ある種の隠語――とする）。もうひとつの選択肢は、言葉を一般的に用いられているとおりに受け容れるが、その言葉が指示しようとしている社会的現実をよりよく理解するために、それを研ぎすますことである。これこそわれわれが良しとする戦術である。

## 現代のファンダメンタリズムの特徴とは？

　今日慣習的に用いられている「ファンダメンタリズム」という言葉は、経験的に確かめうる現実を指示するものである。われわれはその現実がもつ三つの側面を強調しておきたい。

原型となるアメリカの場合がそうであるように、ファンダメンタリズムは反動現象である。言い換えるなら、それは何らかの伝統の時間を超越した構成要素というようなものではない。反動は常に、何らかの価値観（宗教的または世俗的な）を体現する共同体への脅威が知覚されたとき、それに向かって生じるものである。現代の状況において反動は、まさしく本書で前に論じた近代の相対化効果に対して生じる。

結果として、ファンダメンタリズムは近代的現象である。ファンダメンタリズム運動が近代的なコミュニケーション手段を効果的に利用することに関連して、この点はたびたび強調されてきた。まさしくそのとおり。しかしファンダメンタリズムはもっと深い意味で近代的である。それは近代化・相対化という過程を背景としてはじめて理解可能なのだ。べつの言い方をするならば、ファンダメンタリズムの第二のこの特徴は、みずからを保守的と称し、ある特定の黄金時代なるものに回帰しようとしているのだというその主張にもかかわらず、ファンダメンタリズムは伝統主義とは大きく異なっているということだ。その違いは簡単にこう表現できるだろう。伝統主義は伝統が自明なものであることを意味しているが、ファンダメンタリズムはその自明性が危機にさらされているか、完全に失われたときに登場してくる、と。

十九世紀のあるエピソードが説明に役立つであろう。ナポレオン三世がウジェニー皇后をともなってイギリスを公式訪問したときのこと。ウジェニー（ひかえめな言い方をするならば、彼女の前歴はかならずしも貴族的なものではなかった）はヴィクトリア女王に連れられてオペラへ行った。

二人ともたいへん若いうえ、立ち居振舞いもまことに堂々としていた。客人ウジェニーがさきにロイヤルボックスに入った。彼女は観客の拍手に優雅に会釈し、後ろにある自分の椅子を優雅に振り返り、そして優雅に腰を下ろした。ヴィクトリア女王は立ち居振舞いの優雅さにおいていささかも劣るものではなかったが、興味深い違いがひとつあった。彼女は振り返らなかったのだ――椅子がそこにあるだろうと彼女は知っていたのだ。真に伝統に根ざしているひとは「椅子」を自明視しているから、なにも考えずにそこに腰を下ろすことができるのだ。一方、ファンダメンタリストはもはや、「椅子」がそこにあるだろうと当然視することができない。彼らはそれがそこにあると言い張らなければならず、これは思考と決断の存在を前提にしている。結果、伝統主義者は自分の世界観に関してくつろいでいられるし、それを共有しない人間たちに対して非常に寛容でいられる――だって彼らはわかりきったことを否定する哀れなたわけ者なのだから。ファンダメンタリストにとって、このような他者はやっとの思いで手に入れた確信に対する深刻な脅威である。だから彼らは回心させるか、隔離するか、極端な場合には抹殺または「粛清」するかしなければならないのだ。

最後の特徴はさきの二つの特徴から生じるものである。ファンダメンタリズムは伝統の自明性を復元しようとする試みであって、それは概して伝統の（現実あるいは想像上の）本来的過去への回帰として理解される。これまでのべてきたことを前提にすると、こうした理解は幻想的に見える。本来的過去など取り戻すべくもないのだから、ファンダメンタリズムの企図はもともとはかないものなのだ。だからそれはたえず防衛され擁護されなければならない。これは往々にして攻撃的確信の口調でなされる。しかしながら、すでに論じたように、自分の立場が選択されたものだという記憶をファンダメンタリストがどう懸命に抑圧しようと、どんな選択も原則的にくつがえしうるものだという知識とともに、その記憶は残り続けるのである。

## ファンダメンタリズムと相対主義はどうかかわるか？

前述の考察が経験的に妥当であるならば、ファンダメンタリズムと相対主義がおなじコインの表裏にあたることは明らかである。両者ともに深部からの近代的現象であり、両者ともに近代の相対化のダイナミズムに対する反動である。相対主義者はそのダイナミズムに喜び、ファンダメンタリストはそれを拒否する。けれども両者は、純正の伝統主義とよりも、たがいに共有するものの方がはるかに多い。その共通性は、われわれが第二章の最後でなぜ、すべてのファンダメンタリストのうちには解放されるのを待っている相対主義者がおり、すべての相対主義者のうちには蘇るのを待っているファンダメンタリストがいると言ったのかを説明してくれる。

われわれはウジェニー皇后とヴィクトリア女王という例を用いて、伝統主義と伝統を復元しようとするファンダメンタリズム的企てとの差異をご覧に入れた。そうした差異のもうひとつの例を見てみよう。一九七〇年代、純アフリカ型の社会主義を創出しようとする企てを研究するため、あるアメリカの社会科学者がタンザニアへ行った。そうした政策を実行するため、一つの制度的手段がタンザニア政府によって講じられていたのだ――いわゆるウジャマー村（ウジャマーは連帯を意味するスワヒリ語）がそれである。そこには土地の私的所有権が存在しないという点で、ウジャマーの村々はたしかに社会主義的であった。実際それはイスラエルのキブツといくぶん似ていた。社会科学者が訪問した時点で人々はウジャマー村に自発的に参加していた（か、そうだとされていた）が、その後、農民たちは強制的にウジャマー村に参加させられた。

当初からあったひとつの重要な特徴は、さまざまな民族的・部族的集団出自の人々が集合してそのウジャマー村に居住し、多様な文化を共有しようとしたことであった。多様な住民のあいだにウジャマーを育成するため、案内人が訪問者に説明をおこなうさいには、さまざまな集団が自分たちの伝統的なダンスを演じるよう一定の時間がとっておかれた。のちに訪問者は、それを回想しながらある心理的実験に加わった。彼の推測によれば、ダンスを撮った映画には二種類あった。ひとつは伝統的な村で撮られたもの、もうひとつは彼が訪れたばかりの村で撮られたものである。彼はまた、二つの映画はその描く内容において同一であるとも思った――同じダンス、同じ太鼓、そしてたぶん同じ踊り手たち。しかしながら、二つの出来事はいわばまるきり別ものであった。伝統的な村では、人々は伝統によって定められた時節に踊り、熟慮された実用的目的なしに踊り、他の民族・部族集団からなる観客ではなく、先祖と神々のために踊った。これとは対照的にウジャマー村では、人々は不定期の機会（おそらくは委員会によって計画される）に踊り、一回一回のダンスに周到な熟慮された政治的目的があり、観客は出身背景を異にする友好村落の住民たちで構成されていた。繰り返しておくが、このように、どう伝統主義だと言いはろうと、ファンダメンタリズムは伝統主義ではないのである。

## 小規模なファンダメンタリズムと全体社会のファンダメンタリズムはどう見えるか？

ファンダメンタリストの企ては二つの異なった型で発現する。第一の型の場合、ファンダメンタリストは全体社会を乗っ取り、自分たちの信条をそれに押しつけようとする。言いかえるなら、彼らはファンダメンタリズムの信条をその社会の全員にとって自明な現実にしようとするわけだ。第二の型の場合、ファンダメンタリストは信条を全員に押しつけようとする企てを放棄し——全体社会はいわば地獄へ堕ちるにまかされる——、はるかに小規模な共同体のなかにファンダメンタリズム的信条の自明性を確立しようとする。

第一の型のファンダメンタリズムの企てをレコンキスタ・モデルと呼ぶことにしよう。レコンキスタという言葉は最初、キリスト教によるスペインのイスラム支配からの「奪回」(reconquest)という意味で用いられた。ついでそれは一九三〇年代、目下の議論にもっと関わりの深いかたちで、一九三〇年代のスペイン内戦におけるフランシスコ・フランコと彼の支持者たちによってふたたび用いられた。このときスペインはイスラムではなく、共産主義、無神論、その他近代がもたらすありとあらゆる奇形的なるものから奪回されなければならないとされたのだ。それはシグロ・デ・オーロ、すなわち社会が「完璧にカトリック」で本来的にスペイン的であった想像上の黄金時代の復元をもたらすであろう、というのがフランコの主張であった。

レコンキスタ・モデルが成功する可能性をもつには、ファンダメンタリスト［注：原文どおり「ファンダメンタリストはファンダメンタリ］ズム的世界観をくつがえす可能性のあるすべてのコミュニケーションに対して、完全な、あるいは完全に近い支配権を有していなければならない。換言するならば、近代の相対化勢力を寄せつけてはならないのだ。そしてこれには制度上の必須要件を満たさなければならない——つまりは全体主義国家の確立と維持がそれである。ハンナ・アーレントほか最近の分析家が明らかにしているように、これが単なる権威主義よりずっと根源的な政治現象であると理解しておくことは重要である。権威主義国家は政治的敵対を許容しないが、体制に抵触しないかぎり人々のやりたいようにやらせておく。これとは対照的に、全体主義国家は社会生活の全側面を統制しようとする。政治的敵対を避けるというだけでは十分でない。体制が用意するあらゆる活動に熱心に参加しなければならないのだ。

「全体主義的」という言葉はきわめて肯定的な響きをこめてイタリアのベニト・ムッソリーニによってつくられたものである。彼は初期の演説のひとつでファシズム体制は「全体主義的」であるという命題を宣言した——その基本原理は「国家に逆らうもの、国家抜きのもの、国家に外在するものはなにひとつ」あってはならないというものであった（この点、ファシズム・イタリアが全体主義的というよりむしろ権威主義的であったことはひとつの皮肉であるが、それはいまは関係のない話である)。ムッソリーニの定式は全体主義的国家に関するかなりすぐれた説明になっている。二十世紀にはそれにぴったりの事例が二つあった――ナチス・ドイツ(それは第二次世界大戦勃発後はじめて完全に全体主義的になった、とアーレントは論じているけれども)と、ソヴィエト連邦およびロシア以外のその多様な模倣者である。理想からすれば、全体主義国家は揺りかごから墓場まで個々人の生活の全側面を統制する制度を用意し、その統制はたえまないプロパガンダの集中砲撃と国家テロ機関によって強化されなければならないのだ。

全体主義は二十世紀で破産したときわめて自信をもって言うことができる。ナチスの場合はもちろん、戦争という方法で外部勢力によって破滅させられた。ヒトラーが戦争に勝利したり、そもそも戦争がおこなわれなかったりしたなら、ナチズムはどう展開していっただろうなどと推測するには、反事実に入りこまなければならない。けれどもソヴィエトの場合はより教訓にとむ。ソヴィエトの全体主義は自壊したのだ――アメリカの軍艦に無条件降伏したという行為もなければ、モスクワに軍事同盟政府が樹立されたわけでもない。ソヴィエト連邦の崩壊にはおそらくたくさんの原因がある――たとえば社会主義経済固有の失敗(アメリカ合衆国との軍事競争を継続してゆけなくなったという失敗も含めて)とか、帝国の維持経費(これはアフガニスタンでの軍事行動で頂点に達した)とか、支配エリートにおける気力の低下や喪失といったような。だが、外部とのコミュニケーションに対するコントロールの失敗も一因であった。というのも、それが体制のイデオロギー的独占を崩壊させたのだから。近代的なコミュニケーション手段はそうしたコントロールをまったくもって困難にする。全体主義体制が経済を発展させようとする場合、とくにそうである。経済を成長させたいなら、外部世界との関わりをもたなければならないからである。そしてもし体制が外部とのコミュニケーションを経済的関係の維持に必要なものだけに限定しようとしても、他の諸種のコミュニケーションにはなおそのなかに忍び込み、公式の信条にかかわる認知的不協和を引き起こす方法が存在する。その結果、体制は門戸を開き――経済のペレストロイカは文化のグラスノスチを導いた――、ついには認知的不協和に対する一切の障壁が瓦解してしまうのである。全体主義の崩壊が民主主義や多元主義をかならずしももたらすわけではないことは、いままでにかなりはっきりしている。だが、その崩壊には全体主義国家から権威主義国家へ導く力があるとは言えそうである――社会全体を取り込むという点ではファンダメンタリストの企てが失敗してきたということを、これは意味している。同様な過程は現在の中国にも見られよう（かの地の体制はこれまでのところ、グラスノスチのもっと危険な諸形態に抵抗することに成功しているのだが）。

こうした例がしめしているように、レコンキスタ版のファンダメンタリズムは、少なくとも近代的な条件のもとでは維持していくのが極度にむずかしい。全体主義体制は外部からやってくる多元化的・相対化的コミュニケーションに対抗する壁を築こうとするが、近代的なグローバル経済の強力な諸勢力がそうした壁にたえず襲いかかることで、遅かれ早かれついには突破口が生じ、大いなる転覆力をもったコミュニケーションが中に注ぎ込むようになるのである。

以上のように困難だからといって、近代的な条件のもとでは全体主義は不可能だというわけではない。それは可能である、、――だがそれは当の社会の膨大なコストにおいてのみである。その社会は文化的のみならず経済的にもみずからを外部から切断しなければならず、それは広範囲な悲惨を生じさせる。今日の北朝鮮はこの最たる例である。それはまたさらなる必要条件――すなわち、自分の臣民たちが暮らさなければならない悲惨な境遇に対する支配エリートの無関心――の例でもある。だがたとえ完全な孤立が達成されたとしても――悲惨は必至である――、そうした体制はふつう不安定なものになるであろう。

さてここで、もうひとつの型のファンダメンタリズム――「サブカルチャー型」ないし「セクト型」ファンダメンタリズムと呼べそうなもの――へと目を転じてみよう。これはミクロ全体主義とでも説明できようか。マクロ版とまったく同じように、ここでも外部との接触が招来するおそれのある認知的感染に対する徹底した防御がなければならない。すでに指摘したように近代的条件のもとでは情報の隔離はきわめて達成困難であるが、全体社会よりも下位集団の方が容易ではある。

二十世紀のはじめごろエルンスト・トレルチとマックス・ウェーバーによってセクト主義というテーマに関する古典的な著作が書かれて以来、宗教社会学はこの現象にずっと関心をもってきた。第一章で見たように、チャーチ（教会）とセクト（宗派）という宗教の二つの社会学的形態を区別するのがふつうであった。チャーチは幅の広い基礎を有する組織で、ひとはそのなかに生まれてくる。これとは対照的にセクトは社会内部の小集団で、ひとはそこに意志決定のすえ加入する。この類型論はさまざまな宗教現象を分類するうえで有効であるが、世界観が宗教的でない認知的マイノリティにも適用できる。たとえば地球外生物が地球に定期的にやってきていると信じている人々がいてセクト的な集団をつくるとしたら、彼らは自分たちを当惑させるマジョリティの見方からメンバーを保護しようとするであろう。だがどんなセクトもかならずある種の心理的矛盾を内蔵している。すなわち、セクトは認知上の自明性を維持しようとするが、同時にそれらは個々人の意志決定の結果として成り立っており、——あらゆる意志決定は当然ながら自明なものではなく、それゆえ覆る潜在的可能性があるのだ。

（サブカルチャーの維持存続という立場から）理想的には、セクトは認知的マジョリティから物理的に隔離されているべきである。これを最もうまくなしうるのは都会生活の（認知上また行動上の）誘惑から隔絶した牧歌的環境である。アメリカの宗教史におけるこの好例はアーミッシュ教、シェーカー教、（ユタ州移住以後の）モルモン教である。これにくわえて、たとえばオナイダ・コミュニティのような、さまざまなユートピア運動における類似の非宗教的集団がある。もし何らかの理由で田舎での隔絶へと移動することが実行不可能なら、コンパクトな都会のコンパクトな地区を居留地とするのが集団の維持存続には有効である。ブルックリンやエルサレムにおける超正統派ユダヤ教地区にこれがあてはまる。どちらの場合でも——環境が田舎であれ都会であれ——、社会状況としては個々人にとって「逃亡」することが非常に困難なように設計されなければならないのである。

住民が敵陣へと越境してゆかないよう、全体主義国家は監視塔や電気柵を設けるが、サブカルチャーは心理面でそうした防衛手段に相当するものをつくり上げる。個人がそのような内的障壁を跳び越えるには大変な努力を要するもので、たとえそうした逃亡が物理的にはうまくいこうとも（何のかんのと言っても、超正統派のユダヤ教徒でもウィリアムズバーグの外に出てブルックリンの中を歩いたり、地下鉄に乗ってマンハッタンに出たり、エルサレムのメア・シェアリム地区から逃れるためにバスに乗ったりくらいはするのだ）、「逃亡者」は一般に自分の伝統やそれを体現している人々（両親、家族一般、旧友たち、先生たち）を裏切ったという罪悪感を生涯感じ続けるのである。

サブカルチャーが一世代以上存続するなら、そのなかに生まれた人々と回心体験を通じてそこへ加入してきた人々とのあいだには明らかな差異が生じてくるであろう。前者の集団にとって、サブカルチャー的な現実定義は必然的に一定の自明性をもうすでに獲得している。セクトはその時点でいわばいくぶんかの「チャーチ的」特徴を獲得してしまっているだろう。後者の集団の場合、自明性は苦心を重ねて構築され、精力的に維持されなければならない。このため、改宗者たちはふつう「ネイティヴ」たちよりも熱心である。換言すれば、「ネイティヴ」は幼年期からサブカルチャーの世界観へと社会化されるが、改宗者はその世界観へと社会化されなおさなければならないのである。

マックス・ウェーバーは「カリスマのルーティン化（routinization）」という素晴らしい概念でこの社会心理学的変化を説明している。「ルーティン化」という言葉は Veralltäglichung というドイツ語のまことにたくみな訳語である。直訳すると「毎日化」（everydayization）とでもなろうが、これでは社会学者でさえそんな罪は背負いたがらないであろう言葉の野蛮主義である。翻訳の問題はともかく、問題の過程は明確である。時がたつにつれてカリスマ的出来事のびっくり仰天するような性格は弱まり、日常的現実が前面に出てくる。驚愕はルーティンと習慣に道をゆずるというわけだ。非日常的なものが日常的なものにもどるのである。宗教社会学的には、これはセクトがチャーチになる過程と説明できるであろう。同様なダイナミズムは宗教的というより世俗的な信念や価値を提起するセクト的な集団にも見られるであろう。

## ファンダメンタリスト集団は一般にどんな要件を課すのか?

宗教的なものであれ世俗的なものであれ、いかなるセクトあるいはサブカルチャーも、「改宗」には(その改宗が突然のものであれ漸進的なものであれ、自発的なものであれ強制的なものであれ)大きく二つの要件が必要である。それらの要件は合わせて前述の防衛メカニズム——心理的には全体主義の防衛された境界線にあたるもの——を構成する。それとまったくおなじ要件は、個人的な選択によってではなく生まれながらにして何らかのサブカルチャーに属している人々にもあてはまる。ただ彼らの場合、そうした要件は自明性の一部をなしており、環境全体がそこからの逃亡を静かに絶え間なく阻んでいるのではあるが。したがってもし改宗の要件をあげるなら、同時にそれは「ネイティヴ」たちが壁を跳び越えていくのを阻むメカニズムということになる。

最も基本的な要件はあらゆるセクトにおいて共通で、全体主義国家の要件を思わせる。すなわちそれは、ヨソ者と意味あるコミュニケーションを交わしてはならないというものである。すでに見たように、使徒パウロはこのことを非常によく理解していた。彼は初期のキリスト教徒たちに「信仰なき者と共にいる」ことのないよう警告したのである。人類学者ならこの格言を共食と婚姻の禁止と解釈するであろう――言いかえるなら信仰なき者とは食べるな、またとりわけ結婚するな！というわけである。だが人間というものはコミュニケーションへの深い欲求をもっている。それゆえサブカルチャーは内部での強度の相互作用によってこの欲求を満たさなければならない。ふつうそのなかには、容認できる結婚相手――すなわちサブカルチャーの世界観を共有する潜在的配偶者――が見つけられるような社会状況を用意することが含まれている。

こうした要件のうち行動に関わる要素は単純である。すでに見たように、セクトはそのメンバーを孤立させる――望むらくは田園的環境のなかで、しかし時として都市の真ん中で。この要件には認知に関わる要素も付随している。セクトはヨソ者を、サブカルチャー的世界観の「わかりきった」真理に無知な存在として描く。「ネイティヴ」にとって、世界は生まれたときからきっちりした二元論的図式に分割されていた――真理の光のうちに住める者と外部の無知の暗闇に住める者に（その無知が真理の意図的な拒否に由来する場合には、ヨソ者はたんに哀れみの対象となるだけでなく、非難の対象ともならなければならない）。無知の淀みからやって来た改宗者にとって、これは人生史に分岐点が生じることを意味している。改宗者の人生はＢＣの時代とＡＤの時代――つまり改宗以前と改宗以後――という観点から解釈しなおされる。改宗以前の時代はもちろん軽蔑的に定義される。往々にして改宗者たちはこの暗黒時代ゆえにみずからの両親を責め、それまでの家族的絆をすべて切断することも非常に多い。彼らはそれらを記憶するに耐えないのである。

共産主義的な洗脳手法は、改宗の結果として生じる人生再解釈の世俗版の実例である。この手法を開発したのはソヴィエト連邦であるが、それを完成させたのはおそらく中国共産党である。それはこれらの体制によって、幹部の研修と捕虜の処遇の両方に用いられた（たとえば「再教育」施設や捕虜収容所で）。手法の一つとして、みずからの人生史を書き記すという課題を一人ひとりに課すものがあった。そうして書かれたものはそのあと指導員によって「添削」され、修正するため書き手に返却される。書き手たちは「これでよし」とされるまで――つまり共産主義イデオロギーに合致するよう自伝が再構成されるまで――何度でもみずからの語りを書き直すよう命じられるのであった（たとえば「ブルジョワ的意識の残滓」を拭いきるまで）。幹部研修においてはこの実習を一人ひとりが自発的に遂行したものと思われる――本気でそれを信じてそうした場合もあれば、日和見主義でそうした場合もあろうが。一方、捕虜たちは実習を強制された。ふつうこれには身体的虐待と衰弱の期間が含まれていた。新しいアイデンティティが構築できるよう、古いアイデンティティは破壊されたのである。他の状況においても、もっと穏やかであるとはいえ、これに類似した手法が多様な形態で用いられてきている――たとえば修道院規則の入門者訓練、基礎的な軍事訓練（とりわけ海兵隊のようなエリート部隊におけるそれ）、また精神分析（少なくとも古典的なフロイト主義的タイプはそうで、それは――彼または彼女がついに「これでよし」となるまで――延々と続く患者の自伝の書き直しだと言ってよい）。

セクトへの改宗のための第二の要件は第一のそれに建て増されるもので、これまた同様に全体主義に似ている。いかなる懐疑もあってはならないのである。とりわけファンダメンタリストは懐疑に耐えることができない。だから彼らはいかなる犠牲を払ってでもそれを阻もうとする。第一の要件とおなじく、この要件にも認知と行動の双方に関わる構成要素がある。認知という点でいえば、まず社会化のなかに懐疑の抑圧が仕込まれている。共同体の「ネイティヴ」な仲間にはセクト固有のイデオロギーが幼少期から徹底的に教え込まれている。一方、新たに社会化される改宗者たちは、以前の習慣に「あと戻り」しないよう、特別に注意深く注視され（かつ自己を注視し）なければならない。もし予防措置にもかかわらず疑念が生じるならば、そうした懐疑に対処するためのセラピー的方策が実施されえよう。宗教的文脈ならこれは「魂の癒し」とか、ごく単純に「司牧の癒し」とよばれるであろう。

「ネイティヴ」たちにとって社会化は、いわゆる重要な他者たち――幼児にとって情動上の大きな重要性をもつ人たち――によって世界観が植えつけられる幼年期に始まる。たいていそれはまず第一に両親であろうが、それ以外の人間もその役割を果たすことができる――年長の兄弟姉妹、その他の尊敬する親族や友人、先生、聖職者など。改宗者たちには正しい第一次的社会化が欠如している。だから彼らは再社会化されなければならないのだ。しかしながら重要な他者は、改宗者にとっても「ネイティヴ」にとってとおなじくらい重要である。改宗係とでもよべそうな人間たちがそれである――精神的指導者、党職員、教練軍曹、精神分析家など。ふつう改宗者はこうしたひとたちと強度の人間関係を形成する。精神分析ではこの過程は、フロイトがつくった用語をつかって「転移」とよばれる（ただしこれは彼が意図した意味合いから明らかに逸脱しているが）。改宗者がある世界観から他の世界観へ「転移」し、後者にとどまることを助ける重要な他者が存在する、と言うことができるであろう。なんら驚くに足りないが、こうした権威的人物との関係においてひとは子どもあつかいされる。それは心理学的意味で幼児期への逆戻りなのである。

懐疑遮断的行動にはそれに関連する認知的要素がある。改宗係はそのことを知っている。たとえば精神的指導者は懐疑の念に苦しむひとを見つけると、まず最初にある種の行動を勧める。ここでの処方箋は単純である。ひとは祈るために信仰する必要はない、信仰するために祈るのだ、というものである。これに加えて、懐疑抑制の過程を助けてくれる認知的メカニズムがある。一般にそれらは無効化と弁証論というカテゴリーに該当するものである。

一般に無効化はより粗野なメカニズムである。懐疑にネガティヴな地位を与えることによってそれを一掃するのだ。宗教の場合なら、これらは罪という見出しに包摂されるから、信仰の欠如は罪深いもの、神への反逆と見なされるのである。われわれはすでに「ブルジョワ的意識の残滓」という素晴らしい共産主義的概念に言及したし、精神分析家は「抵抗」について語る――これらはいずれもネガティヴなレッテルである。こうした無効化を行使すれば、不協和な現実定義に自分の言葉で対処しなくてよくなる。そんな定義はまともに考慮する価値のないものとして退けてしまうことができるからだ。

一方、(キリスト教神学の用語をつかうなら)弁証論は粗野にもなれば非常に洗練されたものにもなりうる。どちらにしても、それはセクト的世界観の妥当性を擁護しようとする議論の集合体である。もっとも充実した形態をとるとき、それは本格的な神学となる——さまざまな神学体系、マルクス主義、あるいはフロイト派の心理学など。懐疑はそれを説明し否定する包括的理論に熱中することによって霧散するのである。

## ファンダメンタリストの究極のコストとは?

どんな世界観も個人をどこかに位置づける。言いかえるなら、どんな世界観もアイデンティティをあたえる。ファンダメンタリズムはこれを、レコンキスタ的、サブカルチャー的、両方の流儀でおこなう。このアイデンティティは当然視されること、自明な妥当性を付与されることをめざす。ひとはいまや、当然かくかくしかじかのものだろうと他者に想定されるとおりのものにすでになっているか、あるいは(改宗者の場合は)そのようになってゆく。第二章ですでにのべたように、政治上のこうしたあらわれをエーリッヒ・フロムは適切にも「自由からの逃走」とよんだ。もし自由を、また自由が自由民主主義や立憲国家によって制度化されている社会を価値ありとするなら、ファンダメンタリズムが深刻な脅威となることは明らかである。宗教的なものであれ世俗的なものであれ、ファンダメンタリズムはつねに自由の敵なのだ。

相対主義は「集合意識」を、したがってまた社会の連帯（デュルケム）を蝕むと、われわれはさきに論じた。だがファンダメンタリズムにもおなじことが言える。レコンキスタ型のファンダメンタリズムはたしかに信念と価値観の強制的画一性によって連帯を創出しようとする。だが、そうした状況を維持するために確立されることになる全体主義的体制には膨大な経済的・社会的コストがともなう。それにくらべれば、サブカルチャー型のファンダメンタリズムはコストが少なくてすむように見える。少なくとも当初、サブカルチャーが小規模で稀少なうちは、コストを支払うのはそのメンバーだけだからである。けれどもサブカルチャーが増殖してくると、それらは社会の凝集を蝕み、社会を「バルカン化」〔ある地域や国家が互いに対立しあうより小さな単位へ分裂していくこと〕するようになる。するとだれもがコストを支払わなければならなくなってくる。その最終結果は、急進化したサブカルチャーと多数派社会との、あるいは／かつ複数のサブカルチャー相互の徹底的な内乱であろう。

安定した社会に対して相対主義が危険なのは懐疑の過剰によるとすれば、ファンダメンタリズムが危険なのは懐疑の欠落による。過剰な不確実感も過剰な確信も、ともに危険ではあるが、危険性はおなじくらいというわけではない。確信の危険性についていえば、オリバー・ウェンデル・ホームズという印象的な人物を見てみるのがおもしろい。十九世紀ボストンの文化的・社会的エリートの一人であった若き日の彼は、南北戦争時、北軍側に出征した。彼は双方の軍がおかす極悪非道の行為に戦慄を覚えた。いかなる確信も残虐なものであり、人間から人間性を奪いかねないという確固たる信念をいだいて戦争から帰還した。逆に彼が思ったのは、人間として恥ずかしくない社会には懐疑主義（習慣としての懐疑と言ってもいいであろう）が不可欠だということであった。そしてこの信念は米国最高裁判所判事としての彼の行動に大きな影響をあたえたのである。

われわれは彼に賛成である。それは、相対主義とファンダメンタリズムの両方に等しく距離を置く中庸の立場をとらなければならないということを意味している。そういう立場の宗教的側面と道徳的側面は似てはいるが、おなじではない。以下の数章ではそうした問題を取り上げることにしよう。

# 第五章　確信と懐疑

二十世紀オーストリアの小説家ロバート・ムージルはかつて、その著作の特徴であるアイロニーをこめてこう言ったことがある。「真理の声には疑り深い響きがある」。この言葉はピレネーの片側の真理は逆側の誤謬という、まえに触れたパスカルの言葉を思い起こさせる。言いかえるなら、真理は〈狂信家〉（true believer）が望んでいるほど確実なものでもなければ絶対的なものでもないということだ。この考えを哲学的に言い直すなら、真理はいつでも反証へと開かれている、と。真理は時間・空間と相関関係にある——が、何らかの形而上学的な根拠をもつ信念や信仰に固執するひとはそれをそのようには見ない。歴史上ほとんどそういう根拠を提供してきたのは宗教で、確信と懐疑の相互作用が最も劇的に演じられてきたのは（以下に論じるように）宗教の領域であった。とはいえ今日では、いかなる宗教的所属ももたない〈狂信家〉が多数存在する。言いかえるなら、宗教と宗教以外のどちらも含めたすべての信念をめぐって、真にエキュメニカルな狂信家（fanatics）の共同体がひとつ存在するわけである。

## 絶対的な真理もいくらかはあるのではないか?

真理は反証に開かれているという事実は、「懐疑の余地のない」真理はまったく存在しないということを意味するものではない。まず第一に、頭が正常に動いている人間ならだれも疑ったり反証したりしないであろう算数の一般則というものがある。何歳であろうと、いつの時代であろうと、2+3が5、2×3が6であることは明らかである。これは正気の人間ならみな自明視しなければならない常識的真理なのだ。だが数学の真理はピタゴラスの定理のように、教えたり学んだりしなければならない。それは先天的なものでもなければ、生まれつき自明なものでもないのだ。実際、4+4は8であってなぜ9や7でないのかと尋ねる子どもの質問に、口で説得力のある答えを返すのはきわめて難しい。できるのはせいぜい子どもの手を取り、指を曲げてみるぐらいなことである。ちなみに、すでに算数の初級を教わっている五、六歳の子どもにとっては、十本の指と十本の足指で数えたり、足し算したり、引き算したり、掛け算したりできると知ることのほうが、驚くべき発見だったりする。実際、子どもの指は原始的な算盤として機能するのだ。

真理と狂気はときとして、敵対的だが奇妙に結びついた双子になる。一九六〇年代の前半、社会心理学者ミルトン・ロキーチはそれぞれ異なった施設にいる三人の精神病患者を研究した。彼らはみな自分はイエス・キリストだと信じこんでいた。彼らをひとつの施設に集めればこの妄想は治るだろうと、ロキーチは考えた。そうなれば彼らは深刻な認知的不協和に直面することになるだろう、なぜならキリストが三人実在するなど明らかにありえないのだから——イエスは物理的にはもうおよそ二千年前からわれわれのなかに存在していないという、おなじく歴然たる事実を別にしても——。認知的不協和を無理強いすることによって治療できる可能性があるのではないかというロキーチの仮説を、珍しくも受け容れた彼らの精神科医の協力を得て、三人はミシガン州イプシランティのある施設に集められた。ロキーチは時に白熱した三人の論議を記録し、著書『イプシランティの三人のキリスト』（一九六四年）でそれを公表した。ある時点でロキーチは、三人のなかでいちばん知性の高い一人はほんとうに妄想が治りはじめていると思った。その男は、自分の見方からすると、あとの二人は狂ってたわごとを言っているに違いない、なんとなれば彼らは自分のことをイエス・キリストだと信じこんでいるのだから、と語った。あたりまえだが、イエス・キリストはたった一人しかいないのだから、これはまったく馬鹿げている、と彼は続けた。案の定、あとの二人ではなく彼こそが救世主キリストなのであった。

ロキーチはまた衝突しあう多元的アイデンティティについて、もうひとつの事例を物語っている。それは若い女性とそれより年上の女性の二人で、どちらも自分は聖母マリアだと思い込んでいた。二人は四六時中喧嘩していたが、あるとき突然年上のほうの女性が解決策を発見した。彼女は医師にマリアの母は誰かと尋ねた。いくらか考えた末、彼は、もし間違っていなければマリアの母はアンナという名前だと答えた。すると年上の女性は楽しげに自分はアンナだと告げ、年下の女性をあたたかく抱擁し、それ以後、彼女を自分の娘マリアとよんだのであった。かくして認知的不協和は独創的なかたちで解消されたわけである。

算数や数学の客観的で疑う余地のない規則に近いのが形式論理のそれである。事実、たいていの哲学者によれば、数学と論理学は本質的に同類のものである。ここは論理学の高度に特殊化された難解な世界に入りこむ場ではない。論理学にはたとえば三段論法のような、疑う余地のないもの――つまり絶対的に正しいもの――と一般に思われている基本的な命題があると、言っておけば十分だ。「人間は死ぬ。ソクラテスは人間である。ゆえにソクラテスは死ぬ」。これが最も基本的な三段論法の見本であり、ここには疑う余地のない真理が含まれている。じっさい「人間」「死」「ソクラテス」といった実体的な意味をもつ言葉は、アリストテレス以来そうしてきたように、実体のない記号に置き換えることができる。ＭがＰであり、ＳがＭであるなら、ＳはＰである、というふうに。じっさい形式論理学はこうした記号を好む。というのも哲学的あるいは神学的な思索に関心をもたないからである――とりわけ前述の三段論法の事例におけるような人間の生の有限性に関しないかぎりは。

だが以上のことは、われわれが日常生活のなかで希求する真理や確信について何ひとつ語るものではない。生は形式的三段論法の寄せ集めではなく、いささかも「合理的」でない選択肢をめぐる選択と決断、またそれ自体「論理的」でもない選択と決断の、しばしば苦痛に満ちた連続である。形式論理はムージルの言う「真理の声」の響きを取り除こうとするが、人生においてそうした響きを取り除くことはきわめて困難である。真理には永遠に懐疑と不安の影が射している。何かの宗教的あるいは哲学的な「主義」に腰を落ち着けた〈狂信家〉だけが懐疑の声――すでに見たようにこれは近代化という絶え間ない多元化過程のなかで増殖する声である――をかき消すことができるのだ。

しかしながら実は、われわれの人生にはきわめて根源的な非宗教的かつ非哲学的な確信、アーノルト・ゲーレンがたくみにも「良性の確信」とよんだものをあたえてくれる確信がある。われわれは第一章でゲーレンの著作を論じたが、ここで手短にそれに戻らなければならない。彼の言う「良性の確信」とは大部分が自明視された制度の確信であって、それは世代から世代へと伝達され、「伝統」とよばれるものを築き上げる。結婚、家族、教会、寺院、モスク、学校、大学、自発的結社などなど――これらはみな単なる機能目的の組織ではない。それらはまた、われわれの日常的な行為や相互作用に方向と確信をあたえる価値や規範を運ぶ意味ある制度なのだ。

たとえば外国に移住したとき、ひとはそこの言葉、慣習、宗教的・世俗的儀礼、行動・思考・感情の様式を――要するにそこの制度を――学ばなければならない。ひとはそのようにして新しい社会的居住地に住む人々の意味と価値と規範をみずからのものとする。ひとが新しい隣人たちと意思疎通し相互作用したいのであれば、こうした摂取が必要不可欠である。それには少し時間を要するであろうが、結局ひとは制度に根ざした自明性という「良性の確信」を経験することになるであろう。それは家にいるようなくつろいだ感覚であるが、移住以前の旧世界におけるそれも記憶と感情のうちに残り続ける。事実、二つの異なる世界のあいだに住んでいるという感覚は、しばしば死ぬまで続く多くの懐疑と不確実感の深部をなす。とはいえ、たいていそれは二、三世代のうちに消失してゆく。移民は新しい現象ではないが、近代においてそれはかつてない規模にまで達した。したがって今日の世界には二つ、あるいはしばしば二つ以上の文化にまたがる人間が大量に含まれているのである。

すでに論じたように、近代の多元化過程には脱制度化を進め実存を不安定にする力がある。それは選択の自由と、したがってある意味でわれわれの自律と独立を拡大した。しかしながら、どこでもよい、現代のスーパーマーケットに行ってみればすぐにわかるように、われわれはまた第二章で言及したQual der Wahl（「選択の苦悩」）にも直面している。実際、スーパーマーケットは完全に多元化した社会のメタファーとしてとらえられよう。この多元化は正反対の二つの反応に導いた。その一方が、たとえば宗教的ファンダメンタリズムや科学的合理主義のような、前近代的な確信へのラディカルな回帰、他方が（道徳的に）「何でも許される」相対主義として普及しているいわゆるポストモダン的な言説の、しばしばおなじようにラディカルな賞賛である。前者の場合、選択の苦悩は神学的あるいは哲学的な真理規範の導入によって和らげられる。後者の場合、それはいわば強みへと転じられるだけである。というのも、相対主義者たちは選択こそ自由と自律の究極的な担保と信じているからである。

どちらの立場も懐疑に悩まされることはない。それが両者の共通点である。彼らには疑う余地のない——とされる——確信がある。じっさいどちらの立場も、宗教や科学やポストモダン的相対性にみずからの確信を見出す〈狂信家〉(true believer)たちのそれである。とりわけポストモダン派の〈狂信家〉は懐疑を賞賛すると自称するが、実際には懐疑を絶対化することによって、懐疑の終焉を歓呼して迎えるラディカルな相対主義あるいはシニシズムへ祭り上げるものである。現実には相対主義者もシニシストも〈狂信家〉なのだ。ではいったい、〈狂信家〉を〈狂信家〉たらしめるのは何なのであろうか?

## 〈狂信家〉は懐疑にどう対処するのであろうか?

一九五一年、アメリカの沖仲仕にして雑談風哲学者エリック・ホッファーは『狂信家』(*The True Believer*)〔邦訳は『大衆運動』〕と題した小さな本を出版し、このタイプの人間について深みのある描写をした。大衆運動が喧伝するイデオロギーは——宗教運動、社会革命運動、またナショナリズム運動と同様——非常に多様であるが、ひとつの特徴を共有しているために親族のように相似してくる、と彼は論じた。大衆運動を生み出し担うのは、極端な場合、大義のためなら死をも辞さず、順応主義的行動を要求し、狂信主義と憎悪と非寛容を高めつつ、それらに駆り立てられる人々である。彼らが説く教義や彼らがくわだてるプログラムがどうであれ、こうした大衆運動はおなじタイプの精神を共有している——すなわちそれは〈狂信家〉の狂信的精神である。ホッファーはこのタイプの精神をキリスト教やイスラムの急進主義（今日いうところのプロテスタント・ファンダメンタリズムとイスラム原理主義）、共産主義、ナチズム、また多様な形態のナショナリズムに見た。一九五一年におけるホッファーの次の主張は今日なお有効である。「われわれの時代は神なき時代であるが、それは非宗教的時代とは正反対の時代である。〈狂信家〉はいたるところで行軍中であり、摂受と折伏の両方によって自分のイメージどおりの世界を形づくろうとしている」。ホッファーの時代と同様、〈狂信家〉たちによって創造され喧伝される「○○主義」が、啓蒙主義的近代主義、反理性的ロマン主義、おなじく反理性的なポストモダニズムなど、ほかにも多く存在する。

こうした「○○主義」の多くは――献身と崇拝の対象という意味で――「神々」とよぶことができようが、それは古代イスラエルの預言者なら「いつわりの神々」とよんだであろうような神々である。それは往々にして、一九一七年から一九三九年までの時期は共産主義の恩恵を信じていたが、共産主義のスターリン的テロリスト版を知るようになってからはその信仰を喪失した六人のヨーロッパ知識人による論文集のタイトルをもじっていえば、「堕ちた神々」になった。こうした世俗の神々はとりわけ、プロレタリア革命とか、予言された世の終わりとか、メシア的人物の予言された再来が起きないなど、預言がはずれたときに破産する。初期キリスト教においては、神の国を地上に実現するためにイエス・キリストがいまにも再来するという高い期待があった。空振りに終わったこの終末論が、使徒パウロの伝道活動や公式組織としてのキリスト教会の設立を刺激したと考えられている。ローマ教皇はローマ・カトリック教会の筆頭上級幹部というだけでなく、キリストが再来するまでのキリストの地上の代理人と見られたのである。

レオン・フェスティンガーはその古典的研究『預言がはずれた時』（一九五六年）のなかで、ある信念、またそれに関連する一連の行動に深くコミットしている人々は、予言された事態が起きないなど、現実の事態によってその主張を反証されても、その信念を失わないものだと論じた。それどころか彼らが経験するのはより深まった確信であり、彼らはみずからの信念に対する一層の確認を得るために新しい改宗者の獲得を開始するのだ。その信念に帰依する人が増えれば増えるほど、その信念はより一層真実になると考えられる――あるいは彼らはそう考えるようになる。しかしながら、フェスティンガーはこう付け加えている。ほとんどの場合、反証が一定程度まで集積すると、執拗な懐疑が忍び寄る瞬間がやって来る。この懐疑は成長すると、ついには信念を拒否するにいたる――少なくともキリスト教の場合のように確固たる制度化に成功しないかぎり。世の終わりの日付が明確にされて（おり、さらにそれが過ぎて）いるときには、終末論的運動は解体がより進みやすい。いかなる終末論的惨事もなくこの日付が終わってしまえば、一般にそうした運動は遅かれ早かれ崩壊してしまう（が、人間の反証否定能力を見落としてはならない）。

宗教的・世俗的ファンダメンタリストとその敵対者は有史以来ずっと激しい論争を闘わせてきた。こうした集団のありようは多様であるが、たいていは三つの大きな特徴を共有している。第一は、対立する意見や思想に耳を傾けようとしないこと。第二は、（宗教的であれ世俗的であれ）反論不能な真理を所有していると主張すること。第三に、自分たちの真理こそ唯一の真理であると主張する、言いかえるなら自分たちは真理を独占していると言い張ることである。「特殊創造論者」と「進化論者」という対立する立場はその雄弁な事例である。そのような争いが教会、モスク、寺院、シナゴーグ、大学といった制度の内部空間に限られているうちは、相対的に無害であろう。けれども〈狂信家〉は、かなりの害悪をもたらしかねない公けの場――とりわけ政治的舞台――で争うのだ。

自分たちは真理を独占しているという確信のために、「狂信家」たちは懐疑のかすかなきざしまで抑圧する。彼らはリベラルな節度を体現している人間たちを嘲笑したり、さらには迫害したりする。宗教的狂信主義はヴォルテールをして"Écrasez l'infâme!"(「破廉恥をやっつけろ!」)と叫ばしめたものである――ここで破廉恥とは教会であり、たぶんキリスト教一般である。だが啓蒙主義は啓蒙主義で固有の残忍な狂信主義をつくり出した。理性の女神がフランス革命によって戴冠して(なんとマドレーヌ寺院で、うっそー!)ほどなく、恐怖政治がくびきから解き放たれ、ヴォルテールを激怒させたアンシャン・レジームの残酷さをやすやすと超えたのであった。

宗教的な動機づけをもつ懐疑の抑圧は、ヨーロッパの宗教戦争期にあらわれた多くの歴史的事例のひとつがよい見本となるであろう。まぎれもなく〈狂信家〉であった十六世紀フランスの宗教改革家ジャン・カルヴァンは、ジュネーヴ市でプロテスタントの神権政治を樹立した。彼は決して政治的な地位を求めることなく、生涯、教会の一聖職者にとどまった。けれども彼は一種のアヤトラ〔イスラム・シーア派の高位法学者の称号で、「神の徴」の意〕として、市の政治的舞台に対する堅固な支配権を掌握しようとした。それは最初うまく行かなかった。市長と市議会がカルヴァンや彼とおなじくらい狂信的な同僚ギヨーム・ファレルの教義に屈するのを拒否し、彼らをジュネーヴから追放したのだ。だが二年後、議会における党派の力関係が変化すると、二人の宗教改革家がジュネーヴへ帰還するよう要請された。このときカルヴァンは『ジュネーヴ教会規定』（*Ordonnances ecclésiastiques*）を出し、これが市議会に受け容れられた。この厳格な教会規定のなかにカルヴァンは——それまでの慣行であった監督制あるいは司教が支配する評議会ではなく——徹底して長老派的な教会評議会——神学の訓練を受けた牧師と長老の俗人からなる評議会——を導入した。注意すべきはこれら俗人は同時に政府の役人ともされたことだ。カルヴァンはこう命じた。教会は自律的でなければならないが、都市国家は教会に従属しなければならない、とりわけ道徳という広大な領域においては、と。カルヴァンの神権政治は紛争や混乱に悩まされたが、彼はジュネーヴ市民に対する教義上・道徳上の堅固な統制を何としても保持しようとした。

当然ながらカルヴァンは何人もの神学者によって猛烈な反対を受けた。その筆頭は教皇レオ十世の秘書であり、南仏カルパントラの司教でもあった枢機卿ジャコポ・サドレトである。彼はジュネーヴの市議会と市民に向けた書簡のなかでカルヴァンやファレルといったプロテスタント的「異端者」たちに、母教会へ復帰するよう説得した。サドレトは救済の問題を切り札として用いて、次のような質問を提示した。われわれが死んだあと、われわれの魂——われわれのアイデンティティの真髄——には何が起きるのか？　地獄堕ちか、それとも救済か？　十四世紀以上ものあいだ存続してきた神聖ローマ教会は（とサドレトは続ける）、聖餐、罪の懺悔や赦免、われわれのために聖者たちがおこなう神への祈り、また死者のためにわれわれがおこなう神への祈りによって救済をもたらす。もちろんわれわれには神の恩寵が必要であるが、救済のためには善行もひとしく必要である。サドレトの口調は穏やかであるが、時として狂信的な怒りが噴き出す。「私はよく知っている。このように古来のよく定着したものごとを変えようとする者たち、このような騒動、このような諍《いさか》いは、人間の魂にとって有害である（これはすべての悪のうち最大のものである）ばかりでなく、私的また公的な事柄にとっても致命的である」と。だが彼は穏やかな口調で書簡を閉じる。「実のところ私は、この者たちの嘘つきの唇と仰々しい舌をすべて滅ぼすよう主に祈るわけではない。同様にまた、彼らの罪悪のうえに主が罪悪を積み重ねるよう主に祈るわけでもない。私はいまもそうしているように、主が彼らを改心させ、正しい精神に立ち戻らせてくださるよう、真摯に主に、わが神に祈るであろう」。

自分あての書簡ではないにもかかわらず、カルヴァンは五ヵ月のうちに長文のよく練られた論評でこれに応じた。カルヴァンは、ジュネーヴにおける自分の活動はサドレトがほのめかしているような自分の私的利益を促進しようとするものではない、という言葉で始める。彼が言うには、自分がやっていることはすべて、イエス・キリストに仕え、かつ教会ではなく聖書に順じておこなっているもので、「主が私にゆだねた大義」である。さらに彼はこう付け加える。「もし自分の利益を図りたいと思ったのなら、私はあなたの党派を絶対に出なかったであろう。私の年齢でそれなりの地位に這い上がった人間が少なからずいるのをたしかに私も知っている――そのうちには、肩を並べたり追い越そうと思えばそうできたであろう者もいる」。そしてしかるべき敬意をこめながら、彼はこう続けた。ジュネーヴに来たこともなければ、ジュネーヴ人にいささかの関心を見せたこともない人間が、「それに先立つしるしもまったくなく、いま突然、彼らに対してかくも大きな愛情を公言する」のは、なんだかあやしい。司教の望みは「ジュネーヴ人をローマ教皇の権力下に取り戻すこと」だとカルヴァンは見た。救済についていえば、ひとの思考や恐怖を自分自身に――つまりは自分の魂に――あまりにも限定することは、カルヴァンの見方からすれば健全な神学ではなかった。そうではなく、ひとは何よりも神の栄光を証明すべきなのだ。そう、おこないは重要だが、それは天国での生命に到達するためではなく、神の栄光をあがめるためなのである。またわれわれは、この栄光とローマ教皇やその部下たちの栄光とを混同してはならない。救済はただ信仰と神の慈悲によってのみ到達しうるのだ。「われわれの救済のすべての部分が完璧にそろったキリストにおいてしめされているように、唯一の安息の地はただ神の慈悲のうちにあることを、われわれは見せるのだ。神の目からすれば、人類がみな迷える罪びとである以上、キリストこそ人類の唯一の正義だと思わねばならない。というのも、キリストはその恭順によってわれわれの罪を帳消しにされたのだから」。

カルヴァンは書簡による応答のある個所で、みずからの「良心的な正直さ、嘘いつわりのない誠実さ、言葉の率直さ」を自慢する。さらに彼は、サドレトとくらべて自分は「やさしさと節度を維持する点でかなり成功している」とまで主張するのだ。これが書かれたのは一五三九年の八月である。確かなのは六年後、『ジュネーヴ教会信仰問答』を出して、ジュネーヴ市民が従わなければならない神権政治的・規律至上主義的体制を明らかにした時には、この「やさしさ」を失っていたということだ。この時点までにカルヴァン主義は確然たるイデオロギーになっていたのだ。ありとあらゆる批判は狂信的に弾圧されたが、それでも批判が黙することはなかった。

最も声高な反発は、もともとはカルヴァンの親友であったが、カルヴァンの狂信主義が高まるにつれて離反し、ことにカルヴァンの予定説を批判したセバスティアン・カスティリョからやって来た。彼はジュネーヴからバーゼルへ逃げ、そこで反カルヴァン主義的な、寛容と良心の自由をよりいっそう強調するようになった。一五五三年、ミシェル・セルヴェ〔ミゲル・セルヴェト（西）、ミカエル・セルヴェトス（羅）とも〕という、三位一体説を否定するいささか頭の混乱した俗人の神学者が公開で火刑にされた──非常に痛ましい死で、カルヴァンは火刑に反対し、代わりに絞首刑を提案したが奏功しなかった（ほんとに「やさしい」こと！）。この残虐行為に対してカスティリョは二つの論考を発表し、そのなかで異端者の迫害や処刑を情熱的に否定した。彼は「疑うすべと信ずるすべ、無知と知について」（一五六三年）という論考によって、神学的狂信主義から最も徹底的に遠ざかった。そのなかでカスティリョは以下のような多面的な問題に答えようとした。すなわち、キリスト教のいかなる教義を懐疑に付すべきか、何を信ずべきか、何を知らなくてもよいか、何を知るべきか、といった問題である。論考はまことに広範囲にわたっているが、カスティリョが最も関心をもっていた問題はカルヴァンのような狂信家とは対照的に、懐疑であった。

彼が言うには、『旧約聖書』にも『新約聖書』にも、信じるのが困難で懐疑が可能な部分がたくさんある。たとえば懐疑の扉を開くような多くの矛盾がある。しかし、——ところでカスティリョは注目するに足る近代解釈学の初期形態を見せる——われわれは主旨、すなわち言葉が結合してつくりなす文脈のなかで言葉の精神に焦点を合わせることによって懐疑に対処すべきである。そうして懐疑と不確実感が、知識と疑う余地のない真理への道を舗装する。しかしながら、と彼は続ける。ひとは不確実感という重荷を背負うべきではないと主張し、聖典に書かれていることに無批判的に同意し、自分と違う見方をする人間をだれかれなく躊躇なしに非難するような人々がいる。さらにまた、こういう人々はたんに懐疑しないのみならず、だれか他人の心のなかに懐疑が生じることも許せない。もしだれかが懐疑をもち続けようものなら、熱烈な信仰者は躊躇なくそれを無神論者とよぶ。何でも疑ってみる者は、あたかも確実に知る、あるいは経験できることは何もないと主張する者であるかのように。カスティリョは「伝道の書」第三章二をもじってこう言う。「疑うに時があり、信ずるに時がある。知の時があり、無知の時がある」。

　カスティリョ理論のいちばん興味深いところは、一方における無知と知、他方における懐疑と信仰の取り合わせである。彼は無知を知へと向かう不可避の準備段階、また同様に懐疑を信仰への準備と見た。さらにまた、これは注目すべき弁証法的道程であるが、彼は無知と懐疑を知と信仰の完全に異質な対極ではなく、本質的な補完物と見た。もちろんこれは狂信家の日常的世界観の逆をゆくものである——宗教の世界ばかりでなく、合理主義の世界においても。後者についていえば、カスティリョは近代化過程の枢要な構成要素として科学的合理主義が台頭してくることを予見していたように思われる。

そしてたしかに彼の予見は正しかった。西欧世界における科学の台頭とともに、われわれは適切にも「科学主義」とよばれるものが誕生するのを目撃した――（主として自然）科学とその技術的応用の全能性に対する、往々にしてきわめて狂信的な信仰である。それはありとあらゆる形態の無知なるものと狂信的に闘う合理主義の一形態であるが――宗教の特殊な一形態でもある。宗教的信仰は非合理的無知として定義されるが、合理的諸科学（自然科学を鋳型にしてつくられた社会科学を含む）はほとんど形而上的な高みにまで昇格させられる。第一章で紹介したオーギュスト・コントはこうした合理主義的世界観の初期の代表者であり、彼はそれを「実証主義」と名づけた。心理学と社会学における行動主義は前世紀におけるこのイデオロギーの見本である。遺伝子主義という新しい外套をまとってはいるが、それは自然諸科学において顕著である。今日におけるこの合理主義の「神」は「利己的な遺伝子」であり、それは後期近代版予定説の見本である。カルヴァン主義という先駆者と同様、それは意志の自由や道徳的な善行という思想を打ち砕くのだ。

信仰の内在的一部としての懐疑はもちろんいつでも〈狂信家〉たち――今日われわれが「ファンダメンタリスト」とよぶ人々――によって拒否される。ファンダメンタリスト的な〈狂信家〉にとって信仰は、パウル・ティリッヒが定義したような「信じがたいものを信じること」ではなく、聖なる書物に記録され、聖なる伝統のうちに包まれ、聖なる儀式のなかで経験される、神やアラーの疑う余地のない啓示を頼みの綱とすることである。進化論と創造説の果てることのない論争には、科学主義と宗教的ファンダメンタリズムとの興味深い合体があるのだ。

## そして、懐疑とは何か?

懐疑はかなりこみいった現象である――多面的で多形的な。まずは表面的な懐疑と深い懐疑の両方がある。豪華な晩餐のあとにおいしいデザートが出されたとき、名うての甘党人間がそれを食べるかどうか決断するのはむずかしい。経済学者は合理的選択を期待するが、その見込みははずれがちである。健康上断わったほうがいい――つまりはそれが合理的である――のはわかっているが、合理的に誘惑と戦うのはむずかしいというのが広く知られた知識なのだ。オスカー・ワイルドはこの種の表面的な懐疑に対する解決法を知っていた。「誘惑を免れる唯一の方法はそれに屈することである」。結婚式の儀式や祝宴の直前、新婦や新郎は、より深く悩ましい懐疑におそわれることがあろう――レアケースではないらしい。「ほんとうに私はこの婚姻関係、このひとに自分を捧げられるだろうか――「幸いなるときも悩めるときも、死が二人を分かつときまで」」。もうひとつ例をあげよう。最近オランダの何人かの弁護士が国内における合法的安楽死の実施について悩ましい懐疑を表明している。オランダでは現在も安楽死が刑法の対象なのだが、いくつかの厳格な条件のもとでなら（そして耐えがたい苦痛をともなう不治の病である場合に限って）、医師は訴追を免れることができる。しかし多くの医師は、患者が（また往々にして患者の近親者が）自分の苦痛を終わらせてくれるよう求めてきたとき、のっぴきならない深い懐疑と闘わなければならないというのだ。

宗教的信仰やある種の政治イデオロギー的信念のように、ひとがそれと戦うか忌避しようとするか、そういうたぐいの懐疑がある。そのような場では、〈狂信家〉は懐疑を背信行為につながりかねない道として経験する。だがまた、シニシズムの場合のように、それによって自分を示したいとか、それに浸っていたいと思うような懐疑もある。シニシストとは懐疑を思考の流儀と生の様式へと昇華する人間と定義できよう。シニシストによれば、何であれ、だれであれ、いつでも懐疑に付されなければならない。というのも、何ひとつ、だれひとりとして、真理だとか信頼できると思ってはならないからである。ところで、たいていのシニシストは、この規則は自分たちにはあてはまらないと信じている——もちろんこれは、シニシストが信頼できるとか真実だということを意味するものではない。

シニカルな懐疑はいつも、不機嫌とまでは言わぬまでも口数の少ないものであるが、陽気で冗談やからかいで表現される懐疑もある。この場合、懐疑は一般にアイロニーとしてあらわされる——言いかえれば、あることを口にしながら別なことを意味する（ある種の批判を含む第二の意味をこめることによって、自明な信念に対する懐疑を発するのだ）。エラスムスの『痴愚神礼讃』はその有名な事例であるが、これは中世の哲学・神学をからかう実習というレベルを超え、中世知識人に対するアイロニカルな批判となっている。エラスムスはこの論考のなかで、中世後期の愚者や愚行に合わせて、知恵の神はあたかも鏡の中の自分自身をのぞきこむようにして痴愚神を見ているのだと言おうとした。だが事態はまるであべこべでもある。なぜなら、痴愚神が鏡の前に立つとき知恵の神が映し出されるのだから。エラスムスの『痴愚神礼讃』は愉快で面白い本だが、同時に読者にそれと同じくらい居心地の悪い感覚を残す。神の眼からすればこの世の知恵は愚かしいものだという使徒パウロの言葉を、エラスムスは何度もくり返す。とはいえ、宗教とのつながりにもかかわらず、エラスムスのアプローチがひとを不安にさせるのは、そこにいかなる形而上的実在も存在していないことである。知恵と痴愚の合理的境界が曖昧にされているのだ。それは気化し、ある種の認知的・実存的な霧になって消えうせてゆく。そしてこの霧から、非常に深く居心地悪い懐疑が現われてくる。

簡単にいえば、ひとは大きくて大事なことでも、小さくて取るに足りないことでも懐疑できる。ひとは自分自身を、世界そのものを、あるいは神に対して疑いを起こすことができる。こうした例に共通しているのは、何かあるいはだれかがあてにできるか、信頼できるか、意味があるかどうか——つまりは何かあるいはだれかが「真」であるかどうか——を問題にしている点である。換言すれば、懐疑と真理は関係をめぐるものなのである。次章ではこの問題をより詳細に検討してみよう。

## 懐疑は「全か無か《オール・オア・ナッシング》」的命題か?

われわれは何かを選択しなければならない事態に直面すると――これまでに見たように、近代においてはいつでも多数の選択に直面している――、懐疑がきわだってくる。選択は、たとえば消費者がショッピング・モールをぶらつくときの、どのシャツを買うべきかといった皮相なものでもありうるし、自分の病を終わりにしてほしいという不治の患者の希望に直面したとき、医師が致死量の薬剤を投与すべきかどうかといった厳粛なものでもありうるが、これらは極端な境界事例である。いちばんありふれ、いちばんきわだっているのは、一方における宗教的な信仰と不信、他方における知と無知の中庸の道に関する懐疑である。じっさい、さきほど見たように、これら両極は相関しあっている。すなわち、知が不信を育むこともあれば、無知が信念や信仰を育むこともある。後者についていえば、中世の神学者は聖なるものに対する自己の神秘的感覚を深化させる方法として、docta ignorantia（学識ある無知）なる概念を発案した。一方、もし宗教の神聖な文献を科学的――つまり歴史的・比較論的――に分析するなら、ひとの信仰は不信という方向に容易にそれて行くであろう。ざっとこうした中庸の道が懐疑――信仰によっても不信によっても、知によっても無知によっても進んで押しつぶされようとはしない根本的不確実感――なのである。

　まさしくこの中庸の道に位置しているがゆえに、本物の懐疑は人々が発明し喧伝する数多くの「〇〇主義」に決して行き着くことがない。懐疑は相対主義的なものではありえない。というのも、あらゆる「〇〇主義」と同様、相対主義も懐疑の息を止めるものだからである。ルネサンスの碩学ミシェル・ドゥ・モンテーニュは形而上学や宗教を嫌って、その有名なエッセイのなかで、日常生活のプラグマティックな哲学をしめした。彼は次のようなパラドックスと苦闘した。すなわち、彼は人間の思想、野望、事業、活動の相対性を強調したが、しかし安易な相対主義に腰を落ち着けることは拒否したのだ。エッセイのひとつで、モンテーニュは皮肉たっぷりにこう言っている。もしひとが「私は疑う」と言うのなら、そのひとは自分が疑っていることを明らかに知っている——もちろんそれはそれ以上疑えないことだ！——と認識しなければならない、と（これは、すべてのクレタ島人は嘘つきだと言うクレタ島人の主張は嘘になるとするソフィストの論理を思い起こさせる）。しかしながらモンテーニュは自分の懐疑を懐疑できる可能性を見落としている。昔あるフランドルの詩人はそのディレンマをこう定式化した。「そもそも懐疑を懐疑するよう定められているのが人間の条件であるように思われる」。ここで懐疑を定義するときの懐疑的なやり方——定められているように思われる——、また人間の条件はみずからを懐疑する懐疑からできているという中核的概念に注意されたい。もちろんこれは知と信仰への扉を開くが、それは口ごもりがちな知と信仰であって、〈狂信家〉の知と信仰ではない。いわばそれは知と信仰に顔を向けているのだが、自己の背後に無知と不信があることを知っている。付け加えるまでもないが、この立場は誤ってよく同一視されるシニシズムや相対主義からはるかに離れたところにある。

　実は、この種の懐疑は真に不可知論《アグノスティシズム》的な立場に典型的なものである（不可知論《アグノスティシズム》的懐疑はどんな「○○主義《イズム》」とも無縁なのだから、「アグノスティシズム」という言い方は避けるべきである）。不可知論者は無神論者《エイシイスト》ではない。往々にして狂信的な「○○主義」の大いなる信奉者である無神論者は、Écrasez l'infâme!（「破廉恥をやっつけろ！」）とばかりに、あらゆる種類の宗教的信仰や制度と闘って攻撃を加えようとする自称・反信仰者である。政治的には無神論者は教会（モスク、寺院、シナゴーグ）と国家の厳格な分離を擁護するが、彼らの多くは個人的・制度的な宗教のあらゆる痕跡を力づくで抹消することを好むであろう。スターリンはそうしようと試みたが、うまくいかなかった。というのも彼自身の代替宗教（スターリニズム）にはいかなる安心感も欠けていたからである──それを強制できたのはテロと大量粛清だけであった。実のところ、抜け落ちていたのは「神」であった。たいていの無神論者は教会と国家の分離という妥協で手を打ち、自分が敵だと思う者たちに講演会場や雑誌や新聞で攻撃を加えることにみずからを限定する。DNAの発見以来、彼らはすでにふれた「利己的な遺伝子」の例のように、しばしば遺伝子の構造や作用を形而上的な高みにまで昇格させる。多くの無神論者にとってダーウィンはある種の半宗教的な預言者、ダーウィン主義とよばれる教義の創始者である。預言者マホメットをからかったデンマークの漫画をめぐる近年の論争において、自称ダーウィン主義的無神論者は情熱的にこう非難している。「イスラム信徒その他の創造論者がわが預言者ダーウィンを猿に描く漫画を刊行しているのに、なぜわれわれはイスラムの預言者をからかうことが許されないのか？」面白いのは彼に冗談という意図がないことである。彼は無神論的な〈狂信家〉の典型なのである。

不可知論の立場は当然ながら弱い立場である。不可知論者は無神論者のように、宗教で信じられていることを根本から否定するというのではない。ひょっとすると信仰ある者のように信仰したいという場合さえあるであろうが、学んだり経験したりして集めた知識がそれを引き止めるのである。死後の生命を信じたり望んだりしているかと聞かれたなら、不可知論者は無神論者のように「いや、もちろんそんなことはない。私の死は私の絶対的な終わりだ」などと答えたりしない。不可知論者はこうつぶやくだろう。「そうなったら驚くかも」。懐疑が不可知論者の目印なのだ。信仰者なら即座に、自分もたえず懐疑に見舞われていると答えるかもしれない。そしてこう付け加えるのだ。まさにそれこそ自分が信奉しているのが信仰であって知識でない理由なのだと。信仰者が懐疑にさいなまれてはそこから解放されるべく四六時中手探りするのに対し、不可知論者にとって懐疑は平生のことというのが、違いである。カルヴァンみたいな狂信的な〈狂信家〉でないかぎり、信仰者は懐疑に悩まされる信仰のなかで、またそれとともに生きる。さきに引用したダーウィン主義者のような狂信的無神論者でないかぎり、不可知論者は信仰に悩まされる懐疑のなかで、またそれとともに生きる。それはかすかな一線ではあるが、本質的な分水嶺である。

合理的批判と懐疑のあいだには因果関係がある。デカルトの哲学についてては第三章でふれたが、彼が“De omnibus dubitandum est”――「すべては懐疑されなければならない」――と叫んだとき、彼が言いたかったのは合理的に真理へ到達するための方法論的・認識論的仕掛けであった。言いかえるなら、人類の思想史のなかで蓄積されてきた宗教的教義や形而上学的理論はカッコに入れなければならないということだ。あるいは、いまどきの表現でいえば、過去の世代によって受け継がれてきた情報を消去することで精神のハードディスクを空にしなければならないということである。

デカルトがめざしたのは、モンテーニュが「信念の圧政」とよんだものからわれわれを解放し、モンテーニュが「判断の自由」と評したものを育むことであった。モンテーニュとデカルトは、弟子たちとの討論のなかで先入観念や流行の（しかし往々にして誤った）信念を破壊するために質問を発したソクラテスの伝統のうえに立っている。ソクラテスは質問はするが、自分は答えを知らないのだと主張した。彼のねらいは信念を教えることではなく、精神から誤った信念、先入観念、偏見を取り除くことであった。言いかえるなら、ソクラテスは弟子たちに、自分の確信を体系的に根源的懐疑に付するよう教えたのだ。この懐疑の「論理」を再び取り上げたのはフランシス・ベーコンで、彼は「自然という書物」の正確かつ詳細な現実観察にもとづく実用的・科学的解釈に役立つ哲学——というよりむしろ方法論——を構想した。その絶対的な前提条件はイドラ——われわれの精神にまとわりつき、われわれが現実に関する確かな知識を獲得することを邪魔している誤謬——を捨て去ることができるようにすることであった。彼が「市場の誤謬」とよぶ一群のイドラは、人々が会話をかわし、あらゆる種類の取引にかかわる社会のなかで生じてくる。まだおよそ四百年も前だというのに、ここには知識社会学の予兆がある。彼が「劇場の誤謬」と名づけたもうひとつの一群は、古代・中世の哲学者たちから伝わり、われわれの精神に決まり文句として付着している諸概念である。これらイドラはみな体系的な懐疑に付されなければならないというわけだ。

ソクラテス－デカルト－ベーコン的方法は根源的タイプの認知的懐疑への扉を開く、とするのは理にかなっている。じっさいこの懐疑は、前世紀にカール・ポパーが科学的研究の目印は立証ではなく、逆に反証だという概念を唱えたとき、ふたたび取り上げられた合理的＝批判的思考の筋道である。神学者や形而上学的哲学者は自分たちの理論が真理であることを証明——立証——しようとするが、批判的＝合理的科学者は自己の研究成果を反証へとさらす。「私の仮説と理論のどこが間違っているか、見せてみろ！」というわけだ。世界に関するわれわれの知識が進歩する——一歩一歩——のは、ただこのようにしてである。それは知識の漸増式の、しかしながらつねに懐疑をともなう進化なのである。

ゼーレン・キルケゴールは「すべては懐疑されなければならない」というデカルトのスローガンに関する未完の論文のなかで、懐疑は否定的なものである、なぜならそれはつねに実在の理論や思想を批判的に吟味するものだから、と主張した。キルケゴールは言う。「懐疑とはみずからの賛意を否定することである。面白いのは何かが起きるたび私が私の賛意を否定するところだ」。かくして懐疑は本質的に反作用であり、したがってデカルトその他が私たちにそう思わせようとしたように、哲学の出発点という役割には向いていない。むしろ、身のまわりの世界に対する驚嘆という態度こそ本物の哲学的思考の源泉と見るべきである。懐疑の対極にあるこの驚嘆の念を、キルケゴールは反省的でなく進取的な肯定的態度と見た。科学的研究の揺りかごにも驚嘆の念と好奇心がある、と付け加えてもよかろう。しかしながらキルケゴールのように、否定的な懐疑と肯定的な驚異の念を対置するのは疑問である。というのも、驚異の念は無色透明の環境で生じるのではなく、いつでもベーコン的イドラに取り囲まれており、身のまわりの世界に驚異が感じられるようになるには、それがカッコに入れられるか、ぬぐい去られなければならないからである。幼い子どもなら、いかなるイドラにも邪魔されず、純粋な驚異の念で世界に接しうるかもしれない。だが大人は、もはや素朴に自明視できない現実のなかで徹底的に社会化され、適応している。完全に近代化され、すでに見たように、それゆえ多元化した社会にも、このことは間違いなくあてはまるであろう。このような社会では、懐疑と驚異がいわば双生児となるのである。

## 真摯な懐疑を単なるシニシズムから分かつものは?

論理的一貫性を欠き、道徳的にも非難さるべき懐疑の形式という点で、第三章で論じた相対主義、またいま論じたばかりのシニシズムはきわ立っている。懐疑の道徳的側面についてはあとの章で論じるとしよう。ここではシニシズムと相対主義の一貫性を欠いた性質について手短かに考察を加え、その非一貫性と、一貫性があって真摯でもある懐疑とを対置してみなければならない。相対主義とシニシズムはあらゆる事物と人間を懐疑に付すが、彼らは一般に「〇〇主義」と同様、心中に〈狂信家〉を住まわせている。彼らは――〈狂信家〉とおなじく――その懐疑を自分自身に適用することがないのだ! キルケゴールは相対主義者の非一貫性をアイロニカルに衝いている。だれかが懐疑しようと決意することは理解できるが、だれかがだれか別な人間になすべき正しいこととして懐疑を広めてゆくことは理解で**きない**。「よほど反応の鈍い人間でないかぎり、相手はこう答えざるをえまい。「ありがとう、でもごめん、あなたのこうした見方が正しいかどうか、私もいまや疑っているんだ」」。

一貫性があって真摯な懐疑は、いかなる「〇〇主義」にも——とりわけ懐疑を自分のなわばりに移住させたがる相対主義やシニシズムにとって——致命的である。一貫性があって真摯な懐疑の特徴を要約してみよう。

相対主義者やシニシストとおなじく、懐疑はどんな「〇〇主義」やその〈狂信家〉とも相容れない。すでに見たように、人間たる条件は懐疑に対する懐疑で規定されているように思われる。真理は否定も拒否もされない。それは信じられるのだ。もう一度ムージルをくり返しておこう。「真理の声には疑り深い響きがある」。じっさい反証というポパーの方法論的仕掛けは懐疑にたえる生へと敷衍できるであろう。〈狂信家〉たちは多数の「立証」——つまり疑う余地のない真理の証拠——をしめす疑う余地のない真理という（自称）堅い岩のうえに自分は存在していると考える。だが、それとは逆に懐疑家——真摯で一貫性のある懐疑がともなう生を生きる人々——は「反証」を——つまり疑いをもたらす事例や状況を——探し求める。遅々とした進化の過程のなかでひとはいつか真理の類似物——真理らしさ（verisimilitude 文字どおり「真理に似た何か」）と言ってもいいであろう——に近づいてゆけるであろう、というわけだ。

カルヴァンの神権的恐怖政治に反対したカスティリョがよくあらわしているように、真摯で一貫性のある懐疑は寛容の源泉である。カスティリョは神を信じてはいたが、彼の大変な知識が本質的な無知を決して見失うことがなかったように、彼の信仰はなお懐疑とつながっていた。もちろんこの世界観は私的また個人的な態度以上のものである。それは西欧民主主義の揺籃となっている生き方でもあるのだ。じっさい、絶対的真理（とされ心底そう信じられているもの）がありとあらゆる圧政の目印であるように、懐疑は民主主義の目印である。結局のところ、複数政党政治の構成要素たる制度化された対立とはひとつの相補的な力であり、そのようなものとして民主的政治システムの本質なのではないだろうか？　政策に対する賛否をめぐる政治的論争はメディアのなかで、また市民社会の討論会場で継続される。もし懐疑が最終的・絶対的な停止に至るなら、民主主義それ自体が終焉することになるであろう――そこには論争すべき何ごとも残っていないのだから！　われわれの市民的自由と憲法上の権利が保護されるのは、体系的な政治的懐疑によって創造されたこの公的空間においてなのである。要するに民主主義とは真摯で一貫性のある懐疑なしには考えられないものなのだ。逆にいえば、次章においてより詳細に見るように、われわれの実存的懐疑には民主的立憲国家の保護と保障が必要なのだ。

## 相対主義に陥ることなく懐疑は存続しうるか？

本章を閉じるまえに、宗教的意味における相対主義とファンダメンタリズムの「中間の立場」について手短かに論評を加えたあと、（宗教的なものもそうでないものも含めて）すべての「中庸の立場」の前提条件のアウトラインを描いてみることにしよう。

プロテスタンティズムと近代資本主義の発生に関するマックス・ウェーバーの考えをひとがどう批判しようとも、彼はあることを非常によく理解しており、それに異論を唱えた批判者はほとんどいなかった――すなわちそれは、プロテスタンティズムが近代と特別な関係にあったということである。ここはその議論をくり返している場ではない。だがその要点はきわめてはっきりしている。宗教改革は個人の良心に特別な強調点を置くことによって、近代的主観性の――したがってまた啓蒙思想以来発達し、洗練されてきた多種多様な個人の諸権利の――基礎を築いたということである。

この歴史的功績が意図せざるものであったことはいくら強調しても強調しすぎることはない――じっさいルターとカルヴァンは近代の多くの特徴を知ればぎょっとしたであろう。それにどちらの改革者も本章で定義したような「中庸の立場」にあるとはとても解しがたい。カルヴァンが（文字どおり！）真の狂信者（bona fide）であったことはもう十分証明済みである。ルターについては、このカテゴリーにくることがいささか難しい（これは主として、彼に高度に発達したユーモアの感覚があったからである）。たしかに彼が統轄してだれか異端者をヴィッテンベルクの中央広場で焚刑にするなどということはなかったであろうが、ドイツ農民戦争期における残忍な著作や晩年における胸の悪くなるような反ユダヤ主義は、彼がいかなるヒューマニズムの勲章も受ける資格がないことを明らかに証明している。それでもなお、信仰のみ（sola fide）による救済というルターの枢軸的思想の精緻化（これまた明らかに彼が意図したものではない）から始まる、明確にプロテスタント的な流れのうちに「中庸の立場」を位置づけることは可能である。ことの性質上、信仰とは確信ではなく、したがってルター型のプロテスタンティズムには懐疑が最も生じがちであろう。同様に、ルター的な二王国論――つまりは地上と霊の王国――はカルヴァンがジュネーヴに打ち立てたような神権政治を不可能にする。そしてルター的倫理は（直接的また間接的に）十九世紀ドイツにおいて近代的福祉国家の誕生をもたらしたのである。

カルヴァン主義も注目すべき意図せざる結果を生じさせた。そのいちばん激烈な（自信をもって狂信主義を名乗ってよい）分派のひとつが、初期ニューイングランドで支配的であったピューリタニズムである。だが宗教集団の多元性というアメリカ独特の環境が、たまたま教会から自発的結社への変容、したがってまた宗教的寛容と教会／国家の分離を導いたのである。

信仰と懐疑のバランスをとろうとするプロテスタント的「中庸の立場」のおそらく最も劇的なあらわれは、十九世紀のプロテスタント神学部、とりわけドイツのそれにおける近代聖書学の誕生である。これは、プロの神学者たちが近代の歴史方法論という懐疑的学問を――信仰を攻撃しようとするのではなく、信仰を他の由来をもつ諸真理と和解させようとする意図をもって――みずからの聖なる経典に向けた類のない例であった。

おそらく、もし「中庸の立場」を宗教的立場から定義しようとするのであれば、プロテスタントであることが役立つであろう。だが、そうするのにプロテスタントでなければならないわけではない。その課題は他のキリスト教的伝統（とりわけ第二回バチカン公会議以後のローマ・カトリック教会）でも、東方正教会（とりわけ西欧へ移住している神学者たちの著作におけるそれ）でも、ユダヤ教（とりわけ高度に非教条的・懐疑論的なラビの方法論の核心）でも、（イジュティハード〔「努力する」の意で、イスラム法源のひとつ。イスラムに関する該博な知識をもつ者の法的問題に関する論理的推論〕というコーラン解釈の概念にもとづく）イスラムでも果たしうるであろう。むろん、これらの論点をここで展開するのは不可能だが。

十八世紀に書かれたイマヌエル・カントの著書のひとつに、『学として現われるであろうあらゆる将来の形而上学のためのプロレゴメナ』という印象的なタイトルをもつものがある。ここでやってみたいのはカントの仲間うちに身を置いてみようということではない。本章の最後の部分に、思い切って「相対主義とファンダメンタリズムの中庸の立場として現われるであろうあらゆる将来の世界観のための前提条件」という見出しをつけてみたいのだ。その前提条件は以下のとおりである。

1　立場の核心と周縁的な要素との分離（神学者たちは後者をアディアフォラ〔adiaphora〕とよんできた）。この分離の実際的帰結は他の立場とどこまで妥協可能か、その外的限界をしめすことである。近代の多元的状況ではそうした妥協――知識社会学の用語ではこれを認知かつ／または規範上の取引という――へと向かう強い圧力が存在する。たとえばキリスト教神学者なら、キリストの復活は核心だが、『新約聖書』に出てくる他の奇跡は原則として交渉の余地ありと規定するであろう。イスラム信徒の民主主義社会への移民をめぐる現代ヨーロッパの論争からひとつ例をあげるなら、伝統的なイスラム法を根拠とする身体切断や石打ち刑は交渉の余地なしだが、「イスラム的節度」の名のもとでなされるネッカチーフ（ヒジャーブ）の着用は交渉の余地ありだろう。

2　自己の伝統に近代の歴史学的研究を適用すること――すなわち伝統の歴史的文脈の認識――への開放性。そうした認識はファンダメンタリズムの維持を困難にする。われわれはすでにプロテスタント聖書学の劇的な事例をあげたが、その開放性はいまやカトリックに、またユダヤ教にもいくらかは取り入れられている。ただイスラムはいまだにそういうことが（あったとしても）非常にまれである。イスラムの場合は、メッカ出自部分とメディナ出自部分を単に事実として分離することよりも両者を神学上分離することのほうが、イスラム思想における（のみならずまたイスラム的実践における）核心的問題とアディアフォラの区別にとって非常に重要であろう。この点は明らかに宗教以外の伝統よりも宗教的伝統によく当てはまるが、前者にも類似例がないわけではない。初期マルクスの著作と『資本論』の関係をめぐるマルクス主義内部の論争はその大変面白い例である。

3　ファンダメンタリズムの拒否とバランスをとって相対主義も拒否すること。相対主義はさきに本章で論じたようなシニシズムへとひとを否応なく導く。認知的にも道徳的にも、もし「何でも許される」なら、立場というもの自体が基本的に意味をなさなくなる。もし真理というものが存在しないのなら、人の立場は完全に恣意的な選択になるのだ。相対主義を事実認識に適用するなら、地球平面説にも近代天文学とおなじ認識論上の地位をあたえなければならなくなる——あるいはもっと今どきの例でいうなら、創造説と進化論は高校のカリキュラムで同等の重要性をあたえられることになる。相対主義はまた規範上もいろいろな帰結をもたらす。たとえばそれは、レイプ犯の「語り《ナラティヴ》」にはその犠牲者の「語り《ナラティヴ》」と同等の妥当性を有すると主張することになるであろう。

**4** 懐疑が個々の信念共同体で積極的な役割をもっていることの理解。この点については、本章ですでにのべたことをくり返す必要はあるまい。

**5** 自分とおなじ世界観を共有しない人間たちを敵として分類しない「他者」定義（道徳的に嫌悪すべき価値観を体現しているような人間はもちろん別だが）。換言するならば、信念共同体は市民文化のなかを生き、「他者」たちと平和裡にコミュニケーションできる能力をもたなければならないということである。はっきりいって、そういう市民性の欠如は、公共生活におけるののしり合いの風土から力づくの内戦にまでいたる社会の分裂過程をもたらすものである。

6 平和裡の論争と紛争解決を可能にする市民社会諸制度の開発と維持。政治的には、人権や市民権、とりわけ宗教の自由と結社の自由を保障する自由民主主義国家は、平和裡の論争と紛争解決を可能にする図抜けて有効な政治システムである。たとえ国家が形式上は民主的であろうと、個人と国家のあいだのいかなる仲介者も認めないジャコバン方式なら、「中庸の立場」の中和機能に貢献するところがない。歴史は「媒介構造」――私的生活と国家の中間に位置する一連の制度――の必要性をしめしてきた。これこそ自由民主主義の意味するものである。政治コラムニストのファリード・ザカリアが思い出させてくれたように、不自由民主主義というのもあって、それは市民社会に基礎をもたぬまま競争的選挙の仕組みを維持してゆくのである。中東諸国で最近起きている事象を見れば、この点は明らかである。

7 経験的事実のみならず道徳的にも望ましい事実としての選択の受容。この受容はたんに人々が宗教上、道徳上、ライフスタイル上の広範囲にわたる諸問題について、制約なく決定を下すことを許すというだけのことではない（制約なくといっても、もちろん一定の範囲内でのことである――私は自分の宗教的信仰にしたがうことができるが、儀礼としてのカニバリズムを実行してはならないし、自分の「性的嗜好」を選ぶことができるが、それはレイプをともなわないかぎりにおいてである）。同時にそれは制度的問題でもある――つまりは、やはり宗教上、道徳上、ライフスタイル上の広範囲にわたる諸問題をめぐる自発的結社の多元性の受容である。

# 第六章　懐疑の限界

懐疑には認知的にも道徳的にも限界がある。すでに見たように、懐疑への懐疑には十分な理由がある。ここではこの問題にぐんと詳細に焦点を当て、懐疑の中心的パラドックスに向き合ってみることにしよう。われわれは自分の認知上の現実定義（たとえば宗教的世界観のような）について相当な不確実感にとらわれて生きながらも、同時に大いなる確信をもって道徳的判断を下すことができる。ひとつだけ例をあげてみよう（残念ながら、本書執筆の時点においてアメリカ合衆国でタイムリーな例である〔二〇〇八年当時、ＣＩＡや米軍による拷問が大きな政治問題となっていた〕）。たとえば、われわれは自分の政治的あるいは宗教的志向に関わりなく、拷問はいつでもどこでも断じて容認できないと、確信をもって言うことができる。

どんな点で、どのくらい、懐疑そのものが懐疑されるべきか？

懐疑の主要な機能のひとつは判断の延期である。懐疑はとりわけ、拙速な判断、予断、偏見と対立するものだからだ。しかしながら、ここにはひとつの大きなリスクがある。懐疑にどんな問題性があるかを認識しなければならないのは、まさにこの点である——言い方を変えるなら、懐疑を懐疑すべきはこの点である。結局のところ、人生においては判断を避けることができない（政治や世界観的問題や宗教においては明らかにそうできるが）。懐疑する者は結論と判断に到達するまえに、事実、可能性、現実味のある選択肢について慎重に考慮することができるが、最後には選択がなされ、行為がなされなければならない。戦争や深刻な社会的混乱の状況でこれまでくり返し証明されてきたように、選択と行為の過度の遅延は悲惨な結果をもたらす場合がある。ある意味で選択しないことも一つの選択——しかもたいていは悲劇的な——である。簡潔にいえば、制限のない懐疑は個人と集団を麻痺状態に導くのである。ビュリダンのロバ〔等距離の所に等質等量の干草を置けばロバはどちらを先にするか迷い続けて餓死するにいたるという話。これを作ったビュリダンは十四世紀フランスの哲学者〕という十四世紀の寓話はこれの古典的な例解である。

社会学的にいうと、懐疑は伝統的な制度の確実感を掘り崩す傾向がある。制度的な確信は、それがきちんと機能しているときには、社会の前反省的で自明で伝統に根ざした「後景」となる。そもそも懐疑はラディカルな反乱や革命を嫌うものという理由からしても、ここでわれわれが論じているようなタイプの懐疑はこの制度的な確信を意図的に破壊するわけではない。しかしながら、ときに懐疑はさまざまな制度の自明性に疑問符をつけ、それらに入念な調べを施そうとすることがある。

ある程度まで、この種の懐疑は有益な社会的機能をはたす。じっさいこの「暴露」的傾向こそ近代社会思想の非常に積極的な貢献であった。だが無際限の懐疑――ありとあらゆる確信を放棄した懐疑――は、個々人が果てしなく選択肢について反省し、あらゆる可能性を思考し続ける不毛な主観主義をもたらす。ゲーレンが説得的に論じたように、このタイプの主観主義はふつう完全な行き詰まり――彼がHandlungsverlustつまり行為能力の喪失とよんだ状態――にたどりつくことになる。懐疑がありがたい制度的確信を掘り崩すとき、そこには根源的な寄るべなさ、不安が生まれる。この心の動揺は根源的な文化変容をもたらす点でたしかに実り多いものであり、さらには芸術的・知的創造力の前提条件ともなりえよう。しかしながら、反制度的懐疑は多くの人々の精神や気分に深く浸透すると、場合によってはカオスや無秩序へと変質し、あるいは前章で見たように、シニシズムや愚かしい相対主義を結果するのである。懐疑はそれを制御し続けるためには健全な合理性を必要としている。〈狂信家〉の誤った確信と違って、懐疑はリスクの多い営みなのである。

シニシズムと極端な相対主義がここに含まれる唯一の危険ではない。もし懐疑が体系的に敢行されるなら、そこには落胆が、また希望と行為の喪失が帰結するであろう。懐疑、とりわけ懐疑への懐疑は容易に絶望へと移ってゆく。ドイツ語では懐疑と絶望は語幹が同一である――zwei（英語のtwo）。Zweifel（懐疑）とVerzweiflung（絶望）という概念はいずれも、たがいに相容れない二つの可能性のどちらかを選択しなければならない状況があることをしめしている。中世ドイツ語ではtwi-flaという語（のちにZweifelになった）は「両義性」を意味するもので、「完全な絶望」とか「絶対の失望」とでも訳しうる近縁の同族語 Verzweiflung には、この共通の語根が反映している。明らかにこの種の懐疑はシニシズムの対極である。というのも、シニシズムは遍在する懐疑なるものの陽気な賛美だからである。絶望へと滑落してゆく懐疑への懐疑は、もちろん歓喜の理由などでは決してありえない。

## われわれはどのようにして道徳的確信にたどりつくのか?

いまやわれわれは本章が取り組む問題の核心部分に到達した。すなわち問題はこうである。ひとはどのような理由から大きな確信をもって道徳的判断をなしうるか? そして、そのような確信は社会的諸制度のうちにどのように基礎づけることができるか?

古代ユダヤの賢人で偉大なラビ、ヒレルは、片足で立っていられる短い間でもトーラー(「教え」「律法」を意味するヘブライ語)の意味するところを言うことができると主張した。いわくその意味とは、ひとは自分にとって卑しむべきことを他人になすべきではないということであった(実質上これは黄金律の最初の表現であった)。そしてヒレルはこう付け加えた、「あとは注釈だ」。ひとはまた自己の道徳的確信のすべてを、片足で立っているあいだに、ドイツ連邦共和国憲法中の一文によって要約できるとも言える。すなわちそれは、「人間の尊厳は不可侵である」(“Die Würde des Menschen ist unantastbar”)というものだ。「あとは注釈だ」。この文章の歴史的文脈を思い出すことは教訓に富む。もし第三帝国のもと、人間の尊厳がぞっとするようなかたちで蹂躙されなかったなら、尊厳の宣言は国家憲法に盛り込まれなかったであろう。いつでもというわけではないが、非常によくありがちなのは、道徳的判断における確信は明確ではなはだしい不道徳の実例に直面せざるをえない状況で生まれてくるということである。

さてここで、本章の冒頭でふれた道徳的判断に立ち返るとしよう。拷問はいつでもどこでも断じて容認できないというのがそれであった。ひとはどのようにしてこの判断に確信をもつことができるのだろうか？

一般的にいって、そのような確信を正当化するには四つの筋道がある——神の掟、自然法、社会学的機能性、生物学的機能性がそれである。われわれはこのうちのどれも決して説得力があるとは思わない。

1　神の掟。ひとはもちろん道徳的確信を宗教的確信で基礎づけることができる。ひとがもし絶対的な拘束力をもつ神の法を信じる気になったら、その信仰は道徳的な確信を容易にしてくれる。しかしながら、同じ理由でそれはそうした確信を命取りにもする。歴史上の今まさにこの時点にあって、この命題はほとんど詳述を要すまい。もしひとが本当に拷問を容認できないと思うなら、自己の聖なる書物と伝統のなかに拷問を禁止する「立証テキスト」を見つけ出さなければならない。残念ながら、こうした解釈作業はいつでもうまくいくとは限らない。そのうえ、もしひとが宗教的決定の確かさを疑うなら、この道は閉じられてしまうのである。

2 自然法。人間の心に刻みつけられた道徳的原理というものはどこにでも存在していると、尊敬すべき自然法理論の伝統は主張する。換言すれば、自然法の思想は普遍性の存在を前提にしている。これは魅力的な思想である。と同時に、逆のことをしめす経験的証拠を突きつけられると、それは維持するのが非常に難しい。たとえば拷問の糾弾は普遍的どころではない。人々は歴史の大半、喜々としてたがいに拷問しあってきたのだ。チューダー朝イギリスあるいは中国明代の判事が拷問は許しがたいなどと聞いたら、びっくり仰天したであろう。容疑者にはもちろん拷問したくなる——そうすればドロを吐かせることができるのだから。そしてもし容疑者の有罪を証明できるのなら、処罰の一部として、見せしめにするため——ひとを励ますため(pour encourager les autres)——拷問したくなるであろう。経験的に立証できる普遍性という意味では、自然法は道徳的確信の妥当性根拠たりえない。ただ、一定の限定を加えたうえで、この思想がそうした根拠となることはありえようが——それはいわば特定の歴史的段階でしだいに姿を現わす自然法である。この可能性についてはもうじき検討することになるであろう。

3 社会学的機能性。社会学的機能性を道徳的確信の基礎とすることは、社会秩序には規範が必要だと言うに等しい。それはもちろん正しい。ある種の道徳原則にとってきわめて妥当である。

たとえば、無差別の暴力を認めるような社会は決して長持ちしないであろう。あなたが私の駐車スペースを奪ったから私はあなたを殺す、といった風な。だがそんなことはとりあえず集団の内部では社会学的に容認できない。そのような暴力も集団外部の人々に対してなら容易に許容されるだろう。あなた（ヨソ者としよう）があつかましくも私たちの駐車場に駐車しようとしたので、私はあなたを殺す、といった風に。拷問についていえば、それに反対する者は、集団の内部でもそれを許容できないと主張することが難しく、ましてやヨソ者が標的になるときにはそうなることがわかるであろう。

## 4

生物学的機能性。最後になったが、規範は生物学的進化の熾烈な競争における種のサバイバルを促進すると説かれてきた。母親に生んだばかりの子どもを世話するようにさせる遺伝子（本能と言ってもいい）があるとしよう。この遺伝子の欠如している種がサバイバルする可能性はほとんどなく、逆に（おそらくは進化という言葉で知られるロシアン・ルーレット的なカオス・ゲームの帰結として）この遺伝子をたまたまもっている種はサバイバルする可能性がはるかに高いことは明らかである。だが拷問は？　種のメンバーはみずからのサバイバル可能性を害することなく集団内部の人間たちを拷問することができる（だがそれはきめ細かくなされなければなるまい――つまりは格別に神聖なタブーを犯す少数の人間に対してのみ――というのも、無差別におこなわれるなら、それは集団の自己報復的自殺となるからだ）。またサバイバルの可能性が、ヨソ者に加えられる拷問の影響を受けることは明らかにないであろう。いずれにしても道徳的確信を基礎づけるという点で、生物学的機能性は社会学的機能性とおなじくらい役立たずなのである。

われわれとしては道徳的確信を正当化するための別の方法を提案してみたい。そのような確信の基礎は、人間とは何かということに関する、歴史のなかで発展し、ひとたび獲得されるや普遍性を帯びてくるような認識である。言いかえるとこうなる。人類の尊厳の意味は歴史の一定の瞬間に認識されてくるが、ひとたび認識されるや、それはそうした瞬間を超越し、いつでもどこでも人類にとって本質的なものと考えられるようになる。われわれが提案する方向はおそらく一種の自然法理論であるが、本書は哲学の論考ではないから、それがどこまで真実で、どこからそうでないかという複雑な問題を公平性をもってあつかうことができない。この点については本章でのちほど手短かに立ち返ることにしたい。とはいえここでも、われわれのアプローチについて、目下の議論の文脈でもう少しばかり詳述しておかなければならない。

さきの言いかえの文章のなかで「認識」（「認識されてくる」）と言ったが、それはどのような意味なのか？　社会化の過程で道徳は個々人の意識に内化されるというのは、言うも陳腐なことである。この現象は慣例的には良心という言葉で語られる。良心がこのように「語る」と慣例的に思われているのは命令的な口調でである。「このようにせよ」、「そのようにするな」。たぶんそういう場合もあろう。それよりもっと多いと思うのは、良心は指示口調で語るというものだ。「これを見よ」、「それを見よ」。換言するなら、良心は特殊な認識を引き起こすということである。それは肯定的でも否定的でもありうる。たとえばその認識は積極的な行動を要求する状況の認識でありうる。深い池の淵をよちよち歩いている子どもに出くわしたなら、どんなに非情な犯罪者であろうともその子を安全なほうへ引っ張っていく気になるだろうと言ったとき、中国の哲学者、孟子の念頭にあったのはこのことである。ある種の状況認識はこれと違って嫌悪感を引き起こす。たとえば、南北戦争の直前に奴隷廃止論的感情を起動するのに貢献したハリエット・ビーチャー・ストウの小説『アンクル・トムの小屋』は奴隷制の悪を説く説教ではなかった。むしろ奴隷制の現実の場面を描いたのだが、それがあまりに嫌悪感をもよおすものだったので、「こんなことを続けるのは許せない」と言うひとがどんどん増えたのだ。

後者のこの認識はもちろん時間的にも空間的にも相対的なものである。ハリエット・ビーチャー・ストウは、北部合衆国における十九世紀中葉の、会衆派教会の（ピューリタン的道徳の最良の伝統に立つ）傑出した牧師の姉であった。南北戦争前の南部の同時代人は明らかに彼女に同意しなかったし、人類史のほとんどの時代の人々もそうだ。しかしながら、ひとたびこの認識が確固たる地歩をしめるや、それは相対化に強固に耐えうるようになった——いまも耐え続けている。もし奴隷制が十九世紀の南部諸州で悪であったなら、それは二十一世紀スーダンでも悪である。かくしてわれわれが目にしているのは、人間の尊厳とそれへの違背に関する認識が、たんなる意見（「あなたも私も奴隷制に対する不同意に同意するであろう」）から普遍的妥当性をもつ道徳的判断（「私はあなたの奴隷制という慣行を非難するし、あなたにそれをやめさせるために私ができることは何でもするであろう」）へと発展してゆく過程なのである。

歴史上のさまざまな時点で、拷問は道徳的に許容できないという声があがった。たとえば──東洋思想を代表して──孟子はそう考えたろう。西洋文明史においては、聖書的伝統に見られる人間性のイメージが、人間の尊厳は拷問を排除するものだという、その後発展していった認識の主要な源泉であった。しかしながら、この認識が西欧で広く受け容れられ、ついで法律のうちに制度化されるには啓蒙思想を待たなければならなかった。この認識を引き起こしたのは、フランス革命が反旗を翻したアンシャン・レジーム下での法律の残酷さであった可能性が高い。ヴォルテールはフランスにおける拷問に対する抗議の雄弁な代弁者であり、ロシアのエカテリーナ女王に影響をあたえた。そして女帝マリア・テレジアはハプスブルク帝国領土における司法的拷問を非合法化した。興味深いことに、彼女の後継者であったヨーゼフ二世はそれに続けて死刑を廃止した──それはまさに死刑が、いかに「人間的」に運営されようとも（ギロチン、電気椅子、致死注射──いずれも本質的なおぞましさをカモフラージュしようとする不毛な試みである）、とりわけ憎むべき拷問の例として認識されるようになったからである。死刑の廃止に非常に大きな影響をあたえた二冊の本（今度は小説ではない）があって、それぞれフランスとイギリスで出版された──アルベール・カミュの『ギロチン』とアーサー・ケストラーの『絞首刑』がそれである。二人ともその動機となったのは抽象的な理論的考察ではなく、身近に経験した全体主義体制がもたらす恐怖への憎悪の念であった。彼らが言いたいのは基本的にこうである。「これを見よ。こんなことが続くのを許してはならない」。もっと最近のヨーロッパ共同体内での死刑の絶対的禁止を動機づけているのも間違いなくおなじ認識である（もし他の問題では必ずしもそうでないとしても、この点ではEUはアメリカ合衆国に道徳的にまさっている）。

まことに、「人間の尊厳は不可侵のもの。あとは注釈だ」。

## 哲学的人間学はこの議論に何をもたらすか？

道徳的確信に対する妥当な正当化を求めようとするとき、そもそも道徳というものを可能ならしめているホモ・サピエンスの構造とは何かを問うてみるのは有益なことである——具体的な道徳的格率（「拷問は許しがたい」のような）をあたえてくれるという意味でではなく、そもそも人間はいかにして道徳的存在たりえるかを説明するという意味で——そのような問いを発する学問は哲学的人間学の名で知られている。それはなぜ拷問が許しがたいかを説明してくれるわけではないが、どうすれば人間が道徳的諸問題を問うたり答えたりできるかをわれわれに教えることはできる。ここでひとつのアナロジーが有効であろう。生物学者と言語学者は人間に生得的な言語能力があることをしめすことができた。この能力がまさしく言語の「深層構造」を生み出し、なんらかの具体的な言語（たとえばスウェーデン語とかスワヒリ語とか）がその語彙と文法を構成していくさいのパラメーターを用意したのであろう。けれども、われわれはそうした「深層構造」からスウェーデン語の具体的特性を直接演繹することはできないし、同様にして、拷問や死刑に関するスウェーデン的価値観を哲学的人間学から直接演繹することはできない。それでもなお、もしスウェーデン語やスウェーデン的価値観を理解しようとするのであれば、「深層構造」や哲学的人間学を知っておくことは有益であろう。

　哲学的人間学者は人間的条件の構成要素が何であるかを特定しようとする。ひとつの根源的構成要素は「制度的本能」――すなわち自然や歴史のなかでサバイバルしてゆくために人間がいだく制度（エミール・デュルケムが規定したような行為・思考・感情の伝統的パターン）への欲求――である。またアーノルト・ゲーレンが指摘したように、人間には自己の環境の内部で生じる変化に適切に反応してゆくのを助ける生物学的に規定された明確な本能が欠けている。制度はある意味でそうした失われた本能の代理である。そのおかげでわれわれは環境内の変化に、即座に、またさしたる思考なしに（いわば半本能的に）反応することができるのだ。交通信号が青から赤に変わると、われわれはすぐさま、考えることなく、半本能的にブレーキをかける。この反応はもちろんほんとうは本能的なものではない。そうではなくて、学習された行動である。もっとはっきりいえばそれは制度的行動である。というのもモータリゼーション化した交通は特定の価値や規範をともなう近代の制度であり、われわれはみなそれに合わせて社会化されるからである。そのような制度的反応は生物学的に固定されたものではなくて、歴史的・社会学的に変化しうるものである。さらにいうと、制度――家族、教会、学校、大学、労働組合などなど――は、デュルケムが強調したように、あたかも「モノ」であるかのように見て社会学的に研究しうるものである。しかしそれらは時を経て――たいていはゆっくりと、ときには（革命の時代には）急速に――変化する人間の構築物である。制度は神あるいは神々によってあたえられるものと信じる神学者や哲学者はいたし、いまでもいる。たとえば結婚式の神学的祭文はこうだ。「神が結びつけたるもの、何人《なんぴと》も分かつことはならぬ」。だが社会学的に理解すると、結婚は固有の歴史をもつ制度的構築物であり、そのようなものとして分析することが――また同様に相対化して懐疑に付すことが――可能である。

哲学的人間学による分析のもうひとつの重要な（そして実に本質的な）構成要素は、人間はしゃべってコミュニケーションする存在だという事実である。言語――まずは話され、ついで書かれるようになった――は人間どうしのコミュニケーションのための主要な道具である。言葉は外的現実のうちにある事物を指示するだけでなく、それらを美、効用、危険、救いなど――とその反対――の角度から定義する。すなわち、話し言葉はただたんなる喉の音ではなく、意味と価値観を運ぶ。価値観と結びついているのが規範――道徳的行動の規則――である。なぜなら価値観はそれへの服従を要求し、その服従は規範によって表現されるからである。

だがまさしく、こうした言葉の意味や価値や規範――社会生活の大黒柱――はどのように生まれるのであろうか？　この場合も、言葉はたんに「自然」とか何かの「尊厳」といった形而上的な事象を指示するために生まれるのではない。その答えは経験的でなければならない。答えは相互性（reciprocity）という中心的な概念のうちにある、とわれわれは言いたい。

社会心理学のなかで決定的な役割を演じたこの概念を最もよく探求したのはその「象徴的相互作用論」——当人は「社会行動主義」という言い方のほうを好んだであろうが——におけるアメリカの社会学者ジョージ・ハーバート・ミードである。社会におけるわれわれの行為の大部分は相互作用（interaction）であると、ミードは指摘する——相互作用とは他の人間と関わる行為であるが、その他者には「重要な他者」（両親、子ども、配偶者など）と、相互作用をかわすそれほど「重要でない他者」（ちょっとした知り合い、隣人、牛乳配達人など）とがある。ミードによれば、子どもは最終的にこれらの相互作用を社会という抽象概念、内化された規範の容器たる「一般化された他者」へと統合してゆく。その経路は以下のとおりである。「床におしっこするとママが怒るんだ」——「床におしっこしたら牛乳配達のひとがぼくのことバカだと思っちゃうよ」——「ひとは床におしっこするものではない」（最後の規範の定式は「ひと」〔one〕がフランス語の on かドイツ語の man ならいちばんうまく表現できる）。

相互作用はしばしば身振りのやりとりで始まるとミードは論じた。たとえばだれかが私の目の前で握りこぶしをぶらぶらさせたとしよう。これはそれだけでは無意味なしぐさであり、私はそれを解釈しなければならない。それはたとえばジョーク、あるいは無邪気なからかいの身振りかもしれない。しかし、もしその身振りが攻撃的なものであることを相手の顔の表情がしめしているなら、私は後ずさりしてこぶしを握りしめる。攻撃する側はこの反応を私の敵意ある行為と見て、身振りのやりとりはひとつの名前——「殴り合い」という名だ——をもつ意味ある相互作用へと発展する。全体としてここで決定的に重要なダイナミズムは相互性である。私が相手の敵意ある身振りを理解できたのは、ある種の前反省的な感情移入の場合のように、相手の役割あるいは態度を取得することができるからである。相手の人間——（こぶしを握りしめている）私の反応を防衛的＝攻撃的な、敵意ある身振りとして理解している相手——も同様に私の態度を内化し解釈する。換言するなら、われわれの相互的な内化と解釈のなかから意味が現われてくるのだ。当初は意味をもたなかった身振りのやりとりが意味ある相互作用へと変容してゆくということである。

さらに複雑さが増してくる。ミードが言うには、相互性のあるやりとりのなかで、われわれは他者たちの役割や態度を内化し、そうすることによって自分の思想や感情や行為を自分の「外部」の他者たちばかりでなく、内化された他者の役割のうちにある自分自身へ向ける。換言すれば、われわれは内化された相互性を経験するのだ。教師と学生の相互作用を例にしてみよう。教師は教室のなかで自分の前にすわっている学生たちに話しかける。彼女は彼らに話をするのだが、同時に学生の役割を取得し、内化された学生役割のうちにある自分自身にも話しかけているのだ。おなじことは学生たちの内部にも生じている。彼らも教師の役割を取得し、内化されたその役割のうちにある自分たち自身に話しかけているわけだ。かくして相互性とは相手の役割・態度の相互的な取得・内化である。このようにしてはじめて意味（とそれゆえ相互的な理解）は相互作用のうちに現われることができるのである。だとすれば、こうした相互作用はたんなる反応運動以上のものである。それらは固有の名前をあたえられてしかるべき意味の交換なのである。前記の例でいえば、われわれは「教える」や「学ぶ」を語り、「教師」や「学生」といった理解可能で意味のある役割を語っているのだ。

ミードは有意味な相互性というこの原理に道徳的次元を付け加える。相互性は私が相互作用をかわす他者たちへの感情移入を可能にする。私は自分の意識のなかでそうした他者たちの認識や感情を内化できるのだ――いささか陳腐な言い回しを使うなら、「彼らの痛みがわかる」のだ。するとこれは私を道徳的責務の感情へ導く。そのような苦しみをあたえることを私はやめなければならないという命題につながるとき、感情移入は道徳的意味を帯びてくる。拷問を例にとると、相互性という手立てで自分を犠牲者の立場に身を置くとき、私がそれを非難するであろうことは明らかである。しかしおなじくらい明らかなのは、自分が相互性の関係をもつだれかの地位を犠牲者にあたえることをあえて拒否できる場合には、私は（拷問の目撃者としてであれ、拷問執行人としてであれ）感情移入を回避しうることを拷問の歴史は証明しているということである。ミード的パラダイムにとどまっていうなら、私は犠牲者に潜在的な「重要な他者」という地位をあたえることを拒否する――じっさいにはときとして極端な場合、人間としての地位をあたえることを拒否する――ということだ。ホロコースト期におけるナチスの殺人者たちの思考様式に関する文献には、こうした現象の心凍えるような実例が見られる。また同様に、ほとんどの奴隷所有者は太古の昔からまさにこのようにして自分の奴隷に対する感情移入を回避したのであった。

## 道徳は「人間性」の一部か?

前記のような哲学的人間学による考察は、そもそも道徳はいかにして可能なのかを教えてくれる――すなわち道徳は、それなしにはひとが社会化されえないような生まれつきの相互性の結果なのである。ひとがそのなかでこの相互性にいわば「身をまかせる」境界は社会的に構成されるものであり、それゆえひとを社会化する「重要な他者」しだいで変わってくる。たとえば、もっぱらプロの拷問執行人の家で育った子どもは、平和主義者のクエーカーによって育てられた子どもに比べて感情移入の能力に大きな制約を受けることになるだろう。「重要な他者」となる個々の集団はまた、子どもの「一般化された他者」――ひとが道徳的責務を背負う社会(換言すれば、ひとが道徳の面で何らかの責任をもたなければならない人々)の内化されたイメージ――の性格をも規定するであろう。歴史の過程のなかで相互的責務の境界線は、あるときは範囲を広げるように、またあるときは狭めるように、くり返しくり返し移動してきた。かくして相互性の能力は明らかに人間学的定数であるが、あらゆる種類の操作をこうむるものでもある。犠牲者に対してほんとうにまったく感情移入を感じることなく、したがってまた何の道徳的責務も感じることのない拷問執行人と、哲学的根拠のもと、拷問を否定しようと言い争ってもまったく無駄である。彼を回心させるには――ものごとをちゃんと見させるには――その認識を変えさせなければならないであろう。これが現実に起きた場合もある。話題は拷問から奴隷制へ変わるが、そうした回心の力強い文学的描写になっているのがマーク・トウェインが書いたハックルベリー・フィンにおける発見で、一緒に旅をしている逃亡奴隷が自分とおなじように人間であり、それゆえ主人のもとに帰されるべきでない――それどころかそもそも奴隷であるべきではない――ということの発見である。

　われわれの議論がいかなる点で自然法理論の伝統のなかに置かれうるかは、ここまでのところで明らかであろう（まえにのべたように、現代の哲学者たちがこの問題と格闘している多くの流儀、あるいは影響力のある多様な立場について論じることはしないが）。道徳的責務（と事実上、道徳的判断も）を相互性と感情移入という人間の能力で基礎づけようとしている点で、またこの能力は人間学的定数だという事実がある限りにおいて、われわれは自然法的主張を提唱していることになる。たとえば実存主義やポストモダン諸理論とは逆に、われわれはことの性質上普遍的なものとして「人間性」のようなものが何か存在すると主張する。人間の尊厳に対する最も目にあまる攻撃が可能になるのは、ただこの「〔人間としての〕性質」を否定あるいは抑圧することによってのみである。そして実はこの「性質」は人類史の長い年月をかけてようやくその輪郭が見えるようになったもので――それも単線的な進歩ではない、というのも認識というのは時を経て獲得されもするが失われもするものだからである。

　残念なことに、われわれがみな共通の「人間性」を共有しているということの道徳的意味はあまりに安直に退けられてきた。われわれはさきに忌避の一方法――犠牲者の人間性の否定――に言及した。もうひとつのよくある方法は加害者の主体性の否定である。これは非常に多く宗教的形態をとってきた。「これを本当にやっているのは私ではない。私は神の道具にすぎない」という風に。ヨーロッパの多くの死刑執行人の（ロンドン塔に展示されているような）刀剣にはこうした忌避のおぞましい表現を見ることができる。こんな感じだ。「主イエスよ、あなたこそ裁き手です」。換言すれば、「いまあなたの頭を切っているのは私ではない。イエスである」ということだ。首切りの犠牲者が妄想を共有するときには、いわゆるストックホルム症候群（誘拐された人々が数日間監禁されたあと誘拐犯に同一化しはじめ、さらには彼らを擁護するようになったというエピソードから命名された）も起きる。「主イエスよ、私の首を切ってくださってありがとうございます。私はそれに十分値します」という風に。ジャン＝ポール・サルトルは、犠牲になる側と犠牲にする側を合わせて、この現象を「虚偽意識」（bad faith）と名づけた。

こうした「虚偽意識」は宗教的形態のみならず非宗教的形態をとることもあるということに注意しておこう。たとえば刑を宣告する裁判官――それは死刑だけでなく、あらゆる刑において――は、自分自身の主体性を否定している可能性がある。「これをしているのは私ではない。法なのだ。私は法の道具にすぎない」という風に。たとえば、「私はあなたの家の抵当物受け戻し権喪失手続きを命じようとしている。しかしながらあなたが野垂れ死にすることに私は責任がない。なぜならこれをしているのは私ではないのだから。私は法の道具にすぎない」というわけだ。社会秩序のなかで裁判官のような一定の役割を果たす人々に、もしそのような「責務の制限」がなければ社会秩序が、またおそらくはあらゆる法システムが存立不能となるであろうとは言えよう。しかしながらそれは、この場合なら責務の制限には、大きなフィクションが含まれているという事実を変えるものではない。

## 道徳は原則遵守だけの問題か？

もし前述の議論に価値があるなら、確信という態度で道徳的判断を下すことが本当に可能になる。明らかにそれは懐疑に限界をもうけるからだ。だがこれまで証明しようとしてきたように、確信というものをもつことができるのは比較的少数の「純粋例」だけである——池に落ちそうになっている子どもを引き戻す、拷問をやめさせる、逃亡奴隷を手助けするといったような。道徳的判断を必要とする状況はほとんどがはるかに曖昧である。その結果、躊躇と懐疑がはるかに推奨されなければならない。オリバー・クロムウェルが国会に向かって叫んだように、「私がキリストのはらわた(bowel)をもってみなさんにお願いしたいのは、ひょっとして自分が間違っているかもしれないと考えてほしいということだ」(「キリストのはらわた」という古風な言い回しはパウロのピリポ人への手紙に由来するが、明らかに「キリストの慈悲」と同義語である)。かくして燃え盛る信仰のうちに懐疑がありうるように、道徳的確信のなかにも懐疑の余地があるのだ。

「心情倫理」（Gesinnungsethik）と「責任倫理」（Verantwortungsethik）というマックス・ウェーバーの区別がここでの議論に有効である。前者のタイプの道徳は基本的な基準として原則本位的態度をとる。ウェーバーはトルストイとその絶対的平和主義をその原型と考える。ガンディーを原型ととらえてもよかっただろう。彼はトルストイの一種の弟子であり、結果に関係なく非暴力を絶対的原則として主張したのだから。原則本位主義にはある種の偉大さがあるとすることはできるが、それはまたひどく無責任でもありうる。第二次大戦期、あるユダヤ人の集団がガンディーに、暴力的手段でヒトラーに抵抗することに絶対に反対かとたずねた。ガンディーはそうだと答えた。そこで彼らはこう聞いた。結果として自分たちがみな死ぬことになるとしたらどうか、と。ガンディーはこう答えた。そのときみなさんは、自分たちの道徳的優位性を知りつつ死ぬことができるのだ、と。もしユダヤ人たちがこの主張を受け容れたなら、ただのバカというものだ。だがガンディーがこのような主張をしたという事実が、彼の非暴力イデオロギーの無責任性を物語っている。

「責任倫理」は前述の倫理と対立する。ひとがとるべき態度はどのようなものかと問うよりむしろ、それは、ひとの行為の蓋然的な結果は何か、と問う。もしひとが善き結果をめざすなら、たとえ自分の手を汚してでも責任をもって行為しなければならない。支配者たるものはたとえ自己の魂の永遠の運命を危うくしようとも、市民の福利のために行為しなければならないというマキャベリの言葉を、ウェーバーは肯定的に引用している（ウェーバーはここでルター的倫理の世俗版を代表しているのだと言ってよかろう。だがそれについてはいまは論じまい）。

ここ何十年ものあいだアメリカで猛威をふるってきた妊娠中絶をめぐる論争は、道徳的判断の領域における確信と懐疑の不安定な関係の好例である。論争中に必然的に含まれる二つの原則は賛否両側とも大いなる確信をもって肯定できるし、実際肯定されている。

1　ひとはみな生命への根源的権利を有する（だからこそ殺人は、最もひどい犯罪のひとつなのだ）。

2　女性は自己の身体に対する根源的権利を有する（だからこそレイプは、人間の尊厳の蹂躙という点で殺人にも匹敵する犯罪なのだ）。

しかしながら、これら二つの確実な判断のどちらを妊娠中絶問題に適用するかで、両者は非常に異なる選択をしてきた。論争で用いられる二つの呼称もおなじく誤解を生みやすい。一方はみずからを「生命派」とよぶ。だが「生命」が問題なのではない。もちろん胎児は「人間生命」である──虫垂もそうである（もしまだ残っているとして）。真に問題なのは、胎児が「人間的人格」であるかどうかである。もう一方の側は「選択派」を自称する。もちろん女性は、自分の身体をどうするか選択する権利をもっている。だが問題なのは、いつどこで女性の身体が終わり、他人の身体が始まるかである。何といっても、生後二ヵ月の自分の赤ん坊を殺す権利は女性にない（たとえ母乳育児だろうと）。論争の根底にあるのはきわめて異なるつぎの問題だ。九ヵ月の妊娠過程のどこで、人間としての人格が出現するのか？　われわれの見解では正直なところ、わからない、が答えである。もちろん「生命派」はわかると主張する——受胎の瞬間、というのがそれだ。この見解は一般に神学的・哲学的な諸前提にもとづくもので、それはもとから納得していない人々には説得力をもたない。最近この見解はまた、科学にもとづいていると主張されるようになった。というのも、すべての胎児は受胎の瞬間すでに特定のDNAをもつのだからというわけである。だがこれまた説得力がない。一人格としての私が何であれ、それは私のDNAと同一ではないし、一定の不可譲の権利をもっているのは、私のDNAではなくて私である。一方、「選択派」は一般にこの問題を避ける——結局それははなはだ厄介なものであろう——のだが、後期中絶（その反対者には「部分出産中絶の名で知られる」）をめぐる論争で何人かがとった非常に素気ないスタンスに見られるように、少なくともその信奉者の一部は、胎児は妊娠中のどの時点でもいかなる権利ももたないと言っているように思われる。どちらの側にしても、あまりに極端な立場は等しく妥当性を欠いている、とわれわれには思われる——(1)人間たるにふさわしいすべての人権を具えた人格が受胎の五分後には存在しているとか、(2)誕生五分前にはそのような人格はまったく存在しないとか。

かくして、われわれは前述の道徳的確信——人格が有する生への根源的権利と自己の身体に関する女性の根源的権利——をまったく否定することなく、その両方あるいは一方を妊娠中絶の問題に疑問の余地なく適用できるかどうか、真摯に懐疑することになる。われわれはこの件において、そうでないよりそうであることの方が多いのだが、当の問題の根底にある基本的問題——この場合なら人間の生命はいつ現われるのかという問題――について無知の状態のまま、確固たる道徳的決断を下す必要性に直面しているわけだ。われわれは、自分は答えを知っていると断固たる確信的口調で主張する人間は、だれであれ疑ってみなければならないし、自分で思いついた多少とも不恰好な解決策は、何であれ疑ってみなければならない。まだ生まれていない人格について（DNAの確定した細胞の集積とは対照的に）いつ論じられるようになるかわからないのだから、われわれは保守的なアプローチを選好しつつ用心深く進まなければならない。これはおそらく、少なくとも妊娠初期三ヵ月のあいだは妊娠中絶をもっぱら女性の特権とすること、そしてそれ以降は妊娠中絶をしだいに困難なもの、最終的には非常事態をのぞいて非合法なものとすることを意味している。これが実際にほとんどのヨーロッパ諸国における法的状況であり、それはわれわれにきわだって責任感あるものという印象をあたえるのだ。

もうひとつの興味深い例は、ヨーロッパにおけるイスラム移民の統合をめぐる最近の論争――多元主義と境界線の必要性に関する以前〔第三章〕の議論のなかで触れた論争――である。そこには大きな確信をもって道徳的判断をなしうる問題もあるが、懐疑の余地が大きい問題もあるように、われわれには思われる。ある種の優先順位の選別というものを考えることができる。一方の端には確信をもてる諸問題がある――たとえば「名誉殺人」、性器切除、暴力的ジハド支持の絶対的な法的禁止といったことがそうだ。逆の端にはひとが完全にリベラルでいられる、と思われる諸問題がある――たとえば勤務時間中にイスラム信徒に祈りの時間を許可するかどうか、モスクを（通常の地域区分に属する事項として）どこにでも建てられる権利を擁護するかどうか、公共の場所で成人・未成人の女性がネッカチーフを被るのを許すかどうか、といった問題がそうだ。だがこれら優先順位の両極のあいだには広大なグレーゾーンが広がっている。男子も参加する運動会を娘たちは免除してほしいという一部のイスラム信徒の親たちの要望、教育一般において男女を分離せよという要望、冒瀆を禁止する法の復活（あるいは導入）への要望といった問題がそうである。こうした中間的諸問題に求められるのは、用心深く慎重な、真に懐疑的なアプローチである、とわれわれには思われる。換言するならば、ここでも問題は確信と懐疑のバランスなのである。

## 健全な懐疑という風土を社会全体としてどう維持していくか？

他者の諸権利への攻撃を奨励したり実践したりする場合をのぞき、あらゆる信念が守られなければならないというのは、民主的論議の自明の理である。だが懐疑は傷つきやすくリスクの多いものである。それはまた、あれやこれやの自称「確信」の名のもとそれを抑圧しようとする人々から保護されなければならない。異議申し立てする自由を保護する憲法と法システムをもつ自由民主主義こそ、懐疑が保護され、さらには元気に働くのに最良のシステムだと考える。

もちろん懐疑を保護することがみんなの目標というわけではない。（あらゆる信仰と国家の）〈狂信家〉は懐疑と懐疑家を攻撃しようとする傾向があり、自分たちが公言するイデオロギーによるやりたい放題の専制を樹立するために政治の舞台を奪取しようとする。ファシズム、共産主義、イスラム原理主義などの専制的「〇〇主義」のイデオロギーは、言論の自由のような市民的自由を、また独立した司法機関による公正な裁判への権利のような基本的な法的権利を拒否する。こうした保護的諸制度が拒否されるのは、民主的立憲国家は懐疑を保護する諸手段を制度化するものだと、イデオローグたちが知っているからである。そして懐疑こそ〈狂信家〉たちが最も恐れるものなのである。専制が真にイデオロギー的な信念のうえに繁茂するものとすれば、民主主義は懐疑を基礎とし、それを保護するものである。民主主義の重要な特徴である複数政党制は、政権党や連立与党の政策を批判する（ことによってそれに懐疑を投げかける）ことを任務とする野党に発言権を保証する。アングロ・サクソンのコモン・ローでは特別に名誉ある地位が懐疑にあたえられている。ひとはそこでは、――「合理的疑いの余地なく」――有罪と証明されるまで無罪なのである。

懐疑は傷つきやすいものなので立憲国家による保護を必要とするが、それはまた民主主義システムの核心に位置している。とはいえ、民主主義に対するイデオロギー的な〈狂信家〉たちによる絶えることのない脅威を考えると、立憲国家と民主主義的な政治システムを懐疑すべきでないというのは重要である。これは注目すべき逆説である。懐疑を存在させるためには、立憲国家と民主主義システムを懐疑から守る必要があるのだ。

このことはさらにもうひとつの逆説へわれわれを導く。それは、懐疑から民主主義を保護する諸制度は民主主義と立憲国家の絶対化へと容易につながるであろうということだ。事実、民主絶対主義（democratism）には確かにその可能性（と時に現実化した事実）があるし、立憲国家の絶対化は憲法絶対主義（constitutionalism）の出現をもたらしうる。ひとは民主絶対主義において、多くの点でいまだ前近代的であり、根深く伝統的であり、民族また／あるいは宗教ごとに仕切られているような社会に、複数政党システムや自由選挙を押しつけたがる。経済的またテクノロジーの面で発展が遅れている国が民主的なシステムに応えうるほど成熟しているかどうかを問うとすれば、それはまっとうな疑問であろう。民主絶対主義が逆効果を生んで、低開発、腐敗、貧困、精神的苦痛といった状況を悪化させるのはありがちな話である。独立をなしとげたアフリカの多くの旧植民地国家は、民主絶対主義がもたらした政治的、経済的、社会文化的な災害を身をもってしめしている。憲法絶対主義についていえば、ドイツはVerfassungschauvinismusつまり「憲法愛国主義」という概念を、伝統的な（しかもこの国では歴史的に疑わしい）ナショナリズムのある種の代理として経験している。憲法絶対主義は国家の憲法がほとんど神聖と言っていいような、したがって疑う余地のない性格を有していることを主張する。もちろん憲法の規範や規則に信頼を寄せることは何も悪いことではないが、もしその信頼が憲法の神聖な要素なるものに対する頑なで無批判的な信仰にまで昂進するならば、それは懐疑に対して猛烈な敵意をもつイデオロギー的憲法絶対主義と化す。たとえばアメリカ合衆国では、死刑の正統性に対する懐疑は往々にしてたんに国家の憲法に言及するだけで沈黙させられる。オランダはこれとまったく対極的な憲法絶対主義をしめす。この国では、法律や陪審員評決の合憲性を問えないようになっているのだ。

要点をくりかえしておこう。われわれは懐疑の道徳的限界を探査した。われわれは基本的人権の蹂躙を懐疑から免除した。われわれはミードの「象徴的相互作用論」のなかで概説されているような道徳的相互性という基本的な人間学的メカニズムによって、われわれの結論を補強した——しかしながら、この基本的な人間学的所与は経験的に有効で普遍性をもつ道徳的合意に導いてくれるわけではないということ、またこの相互性の概念に含まれている意味の全体は歴史の長い時間をかけてしだいに成長してきたものであることは、強調しておかなければならない。

すでに見たように、懐疑はリスクの高いものである。それは政治的また社会文化的な防備を必要とする。われわれの見るところ、自由や権利を保護するための憲法上また法律上の一連の装置を備えた自由民主主義国家は、民主絶対主義や憲法絶対主義におちいることさえなければ、少なくとも近代的条件においては、認知的また道徳的懐疑の最も信頼のおける守護者である（十八世紀に見られた慈悲深い専制政治を再現することは今日では困難である。専制君主が慈悲深くあることなど滅多にあるものではない。しかしながら、民主的条件のもとでは慈悲深さがよりよく制度化されるであろう）。

ここでわれわれは、民主主義に暗雲を投げかける行動的企図がなされるのでないかぎり、だれかが民主主義の制度的配置を懐疑し、その懐疑を自由に表現する権利を否定しようとしているわけではない。けれども、われわれ民主主義を大切に思う者は、いかなるイデオロギー的色合いのものであれ、〈狂信家〉が民主主義的秩序の存在そのものを脅かそうとするときには、自分自身のうちにある懐疑を黙らせようとするであろう。結局のところ、懐疑に対する最高の賞讃とは、懐疑を保護する諸条件が攻撃にさらされているときには懐疑そのものを懐疑に付すことなのである。

# 第七章　節度の政治学

懐疑（往々にしてそれは複数の懐疑だ）と格闘している人間たちとくらべて、〈狂信家《トゥルー・ビリーバー》〉たちにはかなりの利点がある。懐疑家たちは躊躇し、沈思黙考しがちである。一方、〈狂信家〉たちは行動する以外何もやらなくていい。彼らは絶対的確信に自信を抱いており、――戦術的方向性についてはあれこれ考えなければならないかもしれないけれど――どの戦略が正しいかを知っている。というのも、それは自己の絶対的な確信によって決定されているからである。換言するならば、〈狂信家〉たちはそれがどんなものであろうと大義のためなら献身的に働くというだけでなく、彼らにはそれ以外なすべきことがないのである。懐疑家たちにはたいていそれ以外に気にかかるものが多くある――家族、仕事、趣味、悪癖など。社会主義の困ったところはひまな晩をみな取り上げてしまう点だとオスカー・ワイルドが言ったとき、彼の念頭にあったのはまさにこれである。

## 「節度の政治学」は何をめざすか？

これまでの章でわれわれは懐疑の宗教的・道徳的な意味合いを——すなわち相対主義とファンダメンタリズムという等しく望ましからざる両極端の中庸の立場について——論じてきた。そこにはまた重要な政治的意味合いもある。われわれの立場は節度の政治学を必要としているのだ。そうした政治学を実践するために、ひとはすでにのべたような狂信の利点に打ち勝たなければならない。ひとは政治化できないし、またそうすべきでもないような関心を育てなければならない。一九四〇年にシモーヌ・ヴェイユは、ある少女にあてた手紙のなかで、戦時中に宿題をすることの意味について書いた。ヴェイユはまことに立派な人物であったが、大いなるユーモア感覚に恵まれていたというわけではない。けれどもそうした状況ではユーモアが役に立つ。〈狂信家〉にユーモア感覚があることは滅多にない。事実、彼らはユーモアを自分たちの確信なるものに対する脅威と見ている。ユーモアは一般に確信の正体を暴き出すと同時に、〈狂信家〉に反対する人々に力をあたえる。これこそ政治的抑圧の状況でジョークが繁茂する理由である。ソヴィエト連邦とその衛星国は大量のジョークの培養地となり、それらは多様な共産主義体制の正体を暴露するとともに、それに反対する人々を勇気づけたのであった。

狂信に抵抗する人々は、みずからは狂信家《ファナティック》となることなくそうしなければならない。しかしながらこれは、彼らがみずからの政治的行動において毅然としていてはならないということを意味しない。南アフリカにおけるアパルトヘイトとそれを支えた狂信的イデオロギーとの闘いのなかからは、三人の卓越した人物が現われた——ネルソン・マンデラ、ヘレン・スズマン、デズモンド・トゥトゥーである。三人の反アパルトヘイト運動家は断固毅然たる政治を実践したが、個々のものの見方、また振舞いにおいてもまことに節度あるひとたちであった。

本書の執筆時点で九十歳の誕生日を祝おうとしているヘレン・スズマン〔二〇〇九年一月一日、九十一歳で死去〕は、アメリカ合衆国においては三人のなかでおそらくいちばん知名度が低い。長年にわたり彼女は南アフリカ議会における唯一の反アパルトヘイト議員であった——これは野蛮な抑圧時代のことである。それにもかかわらず彼女には鋭いユーモア感覚があり、時として自分の政敵にそれを向けた。あるとき彼女は内閣に向かって演説し、彼らが黒人居住地を視察し、そこで人々がどのような条件のもとで生活しているかを見れば何か得るところがあるだろうと主張したが、そのさい、彼らは人間のふりをしてそうすべきだと提案したのであった。またあるとき彼女は、アパルトヘイト政策に対する態度が非常に軟弱な野党に向かって演説した。いわく、尾根を登り切ろうとする武者ぶるいがひと目見たくて、ときおり議会内の野党席に眼をやるのだが、報われたことはないのだと。

ジョークは分析的な論考よりも簡潔にイデオロギーの正体をまるごと暴露することができる。ソヴィエト時代の無数のジョークのなかからつぎの例をあげておこう。

都市には食糧があるのに田舎にはない。これはなぜ？
極左トロツキスト的偏向。
田舎には食糧があるのに都市にはない。これはなぜ？
右翼ブハーリン主義的偏向。
都市にも田舎にも食糧がない。これはなぜ？
正しい党の方針。
都市にも田舎にも食糧がある。これはなぜ？
資本主義の戦慄！

懐疑はいつでもひとを麻痺状態に導くわけではない。節度はいつでももうひとつのファンダメンタリズムに姿を変えるわけではない。節度の政治学は、ひとつの核となる確信とどれひとつとして確信的性格をもたない多くの行動の可能性とのバランスにかかっている。そして核となるこの確信は、個人の自由と諸権利に関係するもの——前章で提起したような、片足で立っていられる短い間でも主張しうるような確信——である。

## 全人類にその資格がある自由とは何か？

ここでわれわれが描いている自由は（英国の哲学者アイザイア・バーリン言うところの）ヨーロッパの古典的な自由主義における「消極的自由」ではない——すなわち、抑圧的な国家管理からの自由ではなく、むしろ生のあらゆる領域において創造的に行動するための「積極的自由」である。もちろんどちらのタイプの自由も過激化しうるし、したがって堕落しうる。消極的自由はありとあらゆる種類の制約からの自由という意味に解せなくもない。そういう意味なら、自由主義の確信的な提唱者のうちにはひとりのアナキストがまどろんでいることになる。また積極的自由という言葉で、自分の好みを超えたところには何の基準も認めない無制限の個人主義を意味できなくもない——これまたもうひとつのアナキズムである。

歴史上、自由の発見とすべての人格に尊厳ありとする発見はともに手をたずさえて進んできた。いずれの発見も多様な文化のうちに見出すことができる。三つの偉大な一神教的宗教——ユダヤ教、キリスト教、イスラム——には、疑いもなく人間は神の創造物であり、究極において神に対して責任あるものとするイメージが含まれている。これは平等の概念を——あらゆる人間は神の前に存在しているのだから——、それゆえ事実上（ipso facto）あらゆる人格の自由と尊厳の承認を暗に意味している。キリスト教においては、『旧約聖書』に由来するこうした認識とギリシャ哲学およびローマ法に由来する個の尊厳という理念が融合した。言うまでもなく、こうした信念の道徳的かつまさに政治的な帰結が十分に認知されるには何世紀もの時間を要した。

これと（多くの場合同一とまでは言えないまでも）類似した思想は、前記の「アブラハム的」伝統以外の文脈でも見ることができる。ウパニシャッド哲学においてあらゆる実在の神聖な土台と同一視される永遠なる自我というヒンドゥー教の思想は、疑いもなく、各自がそのなかで生を享けた階層秩序を超えたところにすべての人格の尊厳が存在することを暗示している。ヒンドゥー教徒たちがお互いに合掌しながらお辞儀するとき、暗に意図されているのはこうした自我イメージである。すべての「知覚可能なもの」に憐みを感ずべしとする仏教の命令もおなじような意味合いをもっている（古典的仏教は自我の実在性を否定するけれども）。同様に、儒教の思想は少なくとも教養を身につけるのに成功した人間には個性化を認める。そしてアフリカの伝統的思想はウブントゥという価値観、すなわちどんな人間にも親切に接しなければならないという価値観を基礎にしている。かくして西洋文明においてのみあらゆる人格に（おなじみのアメリカ的言い回しでいえば「人種、肌の色、信条にかかわらず」――最近ではこれに「ジェンダーあるいは性的指向」というのが付け加えられる）自由と権利があるという思想が見られると主張するのは、エスノセントリックな誤りだということになろう。しかしながら、ここで言えるごく単純な経験的命題がひとつある。すなわち、人間という言葉の意味に関するこの認識が政治と法に制度化されてきたのは、ただ西洋文明においてのみである、というのがそれである。

われわれは啓蒙主義の古典的な進歩思想を弁護しているわけではない。経験的に証明されうる全般的進歩などというものは歴史に存在しない。たしかに道徳的洞察は時間をかけて発展してゆく——が、それが失われることもある。全般的進歩は存在しないけれども、特定の諸進歩は存在する。各人の自由と尊厳の制度化はそうした進歩であると、われわれは声を大にして主張したい。もし社会学がわれわれに教えてくれることが何かあるとしたら、それはアントン・ザイデルフェルトが別のところで「制度的絶対原理」とよんだものである。信仰や思想や価値観は、いろいろな場所、いろいろな時代に出現してくるであろう。だがそれらは制度によって具現されなければ、ただの束の間の現象となるだけであろう。それらは制度化されてはじめて意識のうちに内化され、その結果として世代から世代へと伝えられていくのである。

ここにいたってわれわれは、今日は「進歩」圏のなかで断然異端であるという命題を強調しなければならない。こと自由の制度化という点では、ヨーロッパは独特な位置をしめている。この制度化が世界の他の地域へと広まり、いまやたいていどこでも（実際にはまるきりちがう制度が支配している国々を含めて）リップサービスが払われているのもこの場所からであった。しかしながら、このことを言うためには、もう二つの点を強調しておかなければならない。

1　こうした卓越性がヨーロッパにありとすることは、現実の歴史のなかでヨーロッパが道徳のお手本であるということを決して意味しない。もちろんそんなことはありえない。そういう見方を主張するものはだれでもたった一つの言葉によって反撃を受けるであろう。すなわちそれは「アウシュヴィッツ」である。この筆舌に尽くしがたい戦慄を生み出した文明は、どうあっても道徳的優越性を主張できるものではない。だがこの屈辱的な洞察は、たとえその制度の精神がしょっちゅう、さらには往々にして恐ろしいやり方で蹂躙されたとしても、自由と人間の尊厳という思想が最初に制度へと転換されたのはヨーロッパにおいてであるという事実を変えるものではない。

2　ヨーロッパ以外の文化にも同様な思想が見られるという認識は、他の文化はそうした思想を、たんにエリート（その定義はどうであれ）のためばかりでなく、原則としてすべての人間のための日常生活の経験的現実に転換する諸制度をつくり出すことに失敗したという事実を否定するものではない。イスラムは神の前の全人類の平等という概念を文句なしに含んでおり、実際その信念は多くの地域で伝統的な序列秩序に影を落としているが、しかしながらイスラムはほとんどどこでも平等を否定する諸制度と共存してきたのである。最も高邁なタイプのヒンドゥー教と仏教は全人類に内在する尊厳を語っていると言えようが、現実にはその尊厳は霊的完成の道で何らかの成功をおさめた人々だけに属するものとされた。そしてイスラムの場合とまったくおなじようにヒンドゥー教と仏教においても、高邁な思想はそうした思想をどこまでも否定し続けるような諸制度と共存してきた。ヒンドゥー教の場合なら、カースト制度の名をあげるだけで事情は十分にわかるはずである。なるほど儒教にも個人に関する高邁な概念がある——だがそれも教養を身につけるのに成功した個人だけである（遺憾ながら、古典的儒教は女性が高邁な教養を身につけられると想定していなかった）。

しかしながら、ヨーロッパ以外の文化に個人の自由と尊厳の思想が存在したことは、そうした思想を実現するヨーロッパの諸制度が浸透したほぼ全域で、なぜそれらがこれほどまでの賛意を得られたかを説明する手助けになるであろう。

## 人間の自由と尊厳は制度化できるか？

人間の尊厳と自由に形をあたえる制度は民主主義トライアングルとでもよべそうなもののうちに存在している。トライアングルの三つの頂点をなすのは、国家、市場経済、市民社会である。これら三つの制度的複合体間の望ましいバランスは依然として実務的・イデオロギー的軋轢の案件となっている。実際、政治上の「右」と「左」を区分けしているのはこうした軋轢なのだ。とはいえ、トライアングルの頂点のどれか一つでも腐食すれば、それは他の二つの頂点をも蝕むことになる——たとえすぐにではなくとも、長い目で見れば。

トライアングルの三つの頂点を順に見ていこう。もちろん国家こそ民主主義を定義するときの中核である。だが、ここで問題にするのは自由民主主義だということを強調しておかなければならない——すなわちそれは、民主主義の手続き上の仕組み（強制をともなわない選挙、選挙の結果としての政権交代、選挙で競争するための市民の組織権）が個人の権利や自由のしっかりした保障と結びついている政治システムである。（ファリード・ザカリアというジャーナリストによってアメリカ合衆国の読者が最近そうしたように）非自由民主主義というのもあるということを思い起こすとよかろう——自由の手続きが用意されてはいるが、さきにあげたような保障が欠けている政体だ。多くの国には野蛮な慣行の味方をする多数派の民衆がいるから、もしそういう国で多数派が政治権力を握る手続き以上の何も民主主義が提供できない場合には、お好みの野蛮が申し分ない民主的手段で実行されることになろう。いまだ多くの民主国家で実施されている死刑（アメリカ合衆国もそのひとつだ）は民主主義の折り紙つきの野蛮の一例である。その一方で死刑は、他の多くの野蛮とおなじく、かなり多くの国で非民主的政府によって廃止されてきた——しばらくは帝政ロシアでも。言いかえるなら、リベラルな専制政治があるわけである。しかしながらそのようなリベラルさはリベラルな見解をもつ政治エリートが頼みなのだ——このタイプのエリートは少なくとも近代の諸条件のもとではまことに奇貨である。

　民主主義哲学とは何かということはさておき、民主主義と社会における基本的な礼儀作法の保護とのあいだに非常に高い相関関係があることは確かである。この一般化は政治理論のエレガントな言葉で置き換えることができる。いわく、権力は腐敗する。だからろくでなしが政府をよく牛耳るのだと。民主主義はこれを変えることはできないが、ろくでなしを定期的に放り出せること、彼らが在位中にできることには限界があることを保証してくれる。これではとうてい民主主義への力強い保証にならないが、冷静沈着な民主主義びいきに一役買うであろう。

民主主義びいきは、われわれの議論の中核である懐疑というテーマと直接につながってくる。議会制民主主義にとって本質的に重要なのは野党の役割である。ごく簡単にいえば、その役割の本質は政府の立法・行政上の主導権に対して懐疑を投げかけることだ。英国議会で用いられている文句――「女王陛下の忠誠なる野党！」――が雄弁に物語っているように。だからこそ民主主義システムは野党の正統性と諸権利を注意深く守らなければならないのだ。この種の安全装置がなければ、議会は拍手喝采マシンの地位に降格されかねないのである。

以上のような考察は、一般市民がリベラルな政策を追求できる可能性がほとんどないような国々まで含めて、世界中のいたるところに民主的体制を根づかせることを目指すイデオロギーとしての民主絶対主義を心にいだくことを、人々に思いとどまらせるはずである。アメリカの外交政策における最近のいくつもの冒険は、結果としてこうした命題の痛ましい教育となっている。かくして民主主義それ自体を情熱的な献身の対象とすることはありえない選択肢である。だが理想としていえば、民主主義が推し進めるべきリベラルな価値観――自由、人間の尊厳、人権といった価値観――は別である。節度の政治学――それをわれわれは懐疑に場所をさく政治と定義した――を実践するときでさえ、ひとはそうした価値観に情熱をもって、いや節度を超えて献身することができる。まえにのべたように、自由とその道徳的構成要素が脅かされるとき、この献身性はことに前景化してくる。

つぎは民主主義トライアングルの第二の頂点。もし民主主義が自由な政治的行為者――市民――を前提にしているとするなら、市場経済は自由な経済的行為者を前提にしている。どちらの場合もキーワードになる「自由」は、どちらのシステムも個人の権利という観念に立脚していることをしめしている。民主主義トライアングルの最初の二つの頂点の関係は長きにわたって激しい議論の対象となってきた。現代の語法（他の時代には二つの言葉は違った意味をもった）でいうと、「左」はトライアングルのうち国家の側に傾き、「右」は市場に傾く。どちらの傾きも極端まで進めることができるが、そうなるとトライアングルのバランスを失することになる――「左」は抑圧的な国家主義、「右」は規制なき競争のアナキズムである。もののわかった「左」と「右」はそうした極端を避けようとする。

民主主義と市場経済を一枚のコインの裏表――すなわち共存しつつ相互に依存する社会的装置――と見る（これまた現代の、とりわけアメリカ流の語法でいえば）「右」のイデオロギーがある。これは経験的にきわめて正しいというわけではない。事実上市場を破壊してしまう民主主義（「民主社会主義」と言ってもいい）というものが存在しうるからだ。一方、非民主的な体制に管理される市場経済というのもある。経験的な色づけをした見解をしめせばこうだ。すなわち、市場経済は民主主義の必要条件だが十分条件ではない。さらにいうと、市場経済はひとたび導入されると時を経て民主化効果を発揮するが、その効果は不動のものでもなければ不可逆のものでもない。節度の政治学ならこうしたきめの細かい問題の見方ができるようになるだろうと思われる（ただし、明らかにここはこうした見方を詳論すべき場ではない）。

最後に、民主主義トライアングルの第三の頂点は市民社会――すなわち国家や経済を含む近代社会の巨大構造と個々人の生活とを媒介する多様な諸制度――である。宗教上の諸制度はそうした媒介構造の非常に重要な例であって、そのおかげでひとは、宗教のためばかりでなく民主主義秩序の健康にとっても、宗教の自由は根源的な権利であるなどともっともらしく主張できるのである。市民社会の諸制度は国家と市場の両方の権力に制約をかけるもので、結局のところそれがなければ両者は存続してゆけない。逆にまた市民社会は、民主主義国家と市場経済という条件のもとで最もよく存続できるのである（この見方についても、ここではこれ以上展開することができない）。

大まかにいって、民主主義トライアングルの三頂点――国家、市場経済、市民社会という前述の制度的集合――は三つの近代イデオロギーに関連している――すなわち自由主義、（民主的タイプの）社会主義、（これまた非権威主義タイプの）保守主義の三つがそれである。節度の政治学はこれらのどのイデオロギーにおいても可能であるとわれわれは主張したい。節度あるリベラル、また節度ある社会主義者（社会民主主義者と言ってもいい）は国家と市場の限界をよく理解し、どちらを絶対視することも拒否する。保守主義者は市民社会の賛美に傾きがちだ（エドマンド・バークの言う「小さな一隊」〔little platoon〕はその多くが伝統的価値観によって動いている）が、節度ある保守主義者は、近代的条件のもとでは市民社会は民主主義国家と市場経済によってもっとも豊かに繁栄することをよく理解している。逆に、これら三つのイデオロギーはどれも過激化する可能性がある――自由主義は市場を絶対視する理解へ（これはいわゆるリバタリアニズムの特徴である）、社会主義は社会のすべての制度に対する全体主義的管理へ、そして保守主義は伝統社会の焼き直しのようなものへ戻ろうとする反動的（かつ不毛）な企てへと。われわれがここで提案している節度の政治学に到達するためには、前記の三つの民主主義的イデオロギーのどれにも内在する過激化傾向に抵抗しなければならないのである。

## 節度の倫理はどう働くか？

われわれがここで試みてきたのは、相対主義とファンダメンタリズムのあいだには宗教と道徳のみならず政治においても中庸の立場がありうることをしめすことであった。節度の政治学こそまさしくその中庸の立場にほかならない。そしてこの立場は、信奉者に多くの懐疑をいだかせながらも、なお情熱的な献身を引き出すことができる。すでに見たように、あらゆる過激なイデオロギーはファンダメンタリズムを生む傾向がある――すなわち、できれば社会全体で、少なくとも力の及ぶ社会の一角では自分たちの世界観が自明視されるような支配を確立したいと願う〈狂信家〉がそれである。おなじく、道徳的真理など達成不能であり、望ましくもないという理由で、ありとあらゆる道徳的真理から政治を絶縁させたいと願っている政治的相対主義者がいる。その一例が過激な「多元文化主義者」たちで、彼らはあるゆる文化は道徳的に平等であると主張し、それゆえ（国内と国外とを問わず）それはどこかの文化の一部だからなどといった理由でどんな野蛮も許容する。

節度の政治学には固有の倫理が必要である。マックス・ウェーバーの倫理の二類型をちょっと思い起こしてみよう。心情倫理と責任倫理である。ファンダメンタリストはいつでも前者（ときに英語では「絶対目的の倫理」と訳されることがある）に引き寄せられる。懐疑は排除される。というのも、基本的な疑問はすでに自明視された世界観の枠内で答えられてしまっているからである。一方、政治的に節度ある者は責任倫理に引き寄せられる。片足で立っていられる短い間にしゃべれるようなことをのぞけば、政治の領域には確実なことなどほとんどないということを、彼らはよく理解している。それゆえ行為の絶対的な指針など存在しないのだ。そしてこれは、蓋然性の高い行為の結果を可能なかぎり注意深く実務的に計算しなければならないことを意味している。政治的に節度ある者はそうした計算のあとで、必要な行為へ、あるいは懐疑の棚上げへ、あるいは「当分の」躊躇へと進んでゆくのだ。相対主義者にもある種の倫理がある。それはいわゆるポストモダニズムがあざやかな例証となっているような「何でも許される」の倫理だ。結局これはニヒリズムの倫理に行き着くことになる。逆説的にも、懐疑はこの極端でも抑圧される――つまりは、拘束力のある真理というものはほんとうに存在しないのだろうかという懐疑である。結局は、ポストモダニズムの理論家たちでさえきわめて狂信的になりうる。だれかがポストモダニズムの理論に思い切って疑問を投げかけてみれば、ごく自然に狂信が姿を現わすであろう。

われわれがここで提案しているような政治的かまえ、節度の倫理にもとづくかまえを具体的にしめすために、ひとつはアメリカで、もうひとつはヨーロッパで、昨今世間の目を多く集めている二つの問題にここでちょっと立ち返ってみることにしよう――死刑と移民統合の問題である。

アメリカで死刑がしぶとく残り続けていることに、（当然だと思うが）ヨーロッパ人はショックを受けている。それが存続しているには多くの理由がある――フロンティア時代からの文化的遺産、ヨーロッパと比較してアメリカ合衆国が宗教の影響をはるかに強く受けていること（これは、残念なことに、死後の生を信じる人々には、ある種の隣人たちがこの世からあの世へ移動してゆくのを手助けすることによって、ルターの言葉をつかうなら「キリスト教的隣人愛を実践」しようとする傾向が強いからである）、そしてアメリカ合衆国のより民主的な性格である（これは、西欧の非宗教的エリートは死刑に反対する傾向が高く――かつ、ヨーロッパではエリートの影響力が強いからである）。

しかしそうは言っても、死刑を支持するアメリカ人は一貫して減り続けており、少しまえの圧倒的多数から現在は人口の半数をちょっと下回るまでになっている。この推移をどう説明すべきかは明確でない。だが大衆の意識のなかでこの問題を前進させた展開が最近二つあった。ひとつは、多くの人々が無実の罪で死刑を宣告されていたことがＤＮＡの分析によって分かったことである。その結果として、この人々は死刑囚監房から解放されることになった。無実の人間が処刑されたという決定的な証拠はないけれども、ＤＮＡにもとづいて生存死刑囚が釈放される事例がいくつもあったことからすれば、過去に不当な処刑がなされた可能性は高い。もうひとつの展開は、一般的な処刑方法――致死注射――に対する数多くの異議申し立てである。致死注射の支持者たちはこの方法が絞首刑や電気椅子といった他の方法よりも人間的だと主張するけれども、死刑囚監房収容者の支援活動をしている弁護士たちの異議申し立ては、当局の見解とは反対に、現在行なわれている致死注射による処刑は実際には非常な苦痛をともなうという証拠を提出している。もしこれがほんとうなら、法律上の議論では、致死注射は「残酷で異常な刑罰」を禁止する憲法に違反することになる。合衆国連邦最高裁は、ケンタッキー州でおきたある事件で出されたそうした異議申し立てを取り上げることに同意した。本書執筆の時点では決定はまだ下されておらず、現在アメリカ合衆国では処刑が事実上凍結状態になっている〔「薬物による死刑執行が激痛を与える可能性があり、残酷で異常な刑罰を禁じた憲法違反の疑いがある」として訴えた件について、連邦最高裁が二〇〇七年九月に審理することを決めてから、二〇〇八年四月に合憲判決を出すまで全米で執行が停止されていた〕。

われわれはまえに、死刑はそれ自体が人間の尊厳に対するはなはだしい冒瀆であるがゆえに否定されなければならないと主張した。長時間にわたって拷問の苦痛をあたえるとか、生きたまま火あぶりにするより、致死注射によって処刑するほうがより野蛮でないのは明らかである。しかしながら、死刑を執行するのに人間的な方法などありえない。とはいえ最高裁は、たとえ原告側に有利な決定を下すとしても、ごく限定された根拠でそうすることになるであろう。たとえば、ほかならぬこの処刑方法（いわゆる薬剤カクテル）は憲法上受け容れがたい、などと決定することになろう。

最高裁が死刑そのものに反対するような決定を下すことは非常に考えにくいからである。もしそうなれば、死刑を存置する諸州（いまだに多数派である）に対して、これまでと異なった、より苦痛が少なく、したがって憲法上の禁止事項に違反しないと思われる薬剤配合の開発を禁じる法廷はなくなるであろう。

こうした展開をひとはどう見るだろう？　われわれのように死刑は容認しがたいものと固く信じる者からすれば、この展開は原則的に間違っている。ふつうは心情倫理と結びつく絶対命題的な言葉でこの原則を表現することを、われわれは躊躇するものではない。もし無実の人間が処刑されるなら、それは無論さらに悪いことである。もし処刑のうちに大きな苦痛をあたえることが含まれているなら、それは無論さらに悪いことである。だが死刑は、たとえ当の罪を犯した人間が科せられる場合であっても容認できない。また、たとえ苦痛がないと見なしうる方法であっても死刑を容認することはできない。死刑は本質的に人間の尊厳に対するまぎれもない挑戦であり、たとえ罪科ある人間が処刑されようが、まったく苦痛のない処刑方法が案出されようが、そのことに変わりはないのである。かくして心情倫理からは、最近の展開は原則として拒否されるべきであり、死刑はアメリカ民主主義の基本的価値観に反していると正式に宣せられるべきだと主張することになろう。そして立法と司法の両方において直接的かつ包括的な廃止を主張することが、死刑に反対する人々の戦略となるであろう——立法府議員および判事たちの現在の意見の雰囲気から見て、アメリカ合衆国においてそうした戦略が失敗する確率がどれほど高かろうとも。

つぎに責任倫理が主張しそうな、これよりも絶対主義的なところの少ない戦略も、たとえそれがどんなに道徳的に無味乾燥であろうと、見ておこう。処刑の数を可能なかぎり減らすことが直接の目標となるにちがいない。執行の凍結は何もしないよりましである。刑事当局が苦痛のない処刑方法を見つけようと不毛な努力を続けているあいだに、処刑される人間が無実であろうがなかろうが、人間を処刑する人間的な方法などありえないという事実を世論が理解しはじめるかもしれない。ひょっとして——もしかしたらアメリカにおける司法の知恵の頂点を代表していると思われる連邦最高裁の九人の判事の心に、この洞察がしみ込んでゆくことさえないとはかぎらないではないか。

少し焦点を移動させてみよう。まえにのべたように、ヨーロッパ共同体のどの国でも議論の的になっている焦眉の問題は、移民、とりわけヨーロッパの経験から遠く離れた国々からやってきた移民たちの統合である。この数年、二十世紀の最後の数十年人気を博した「多文化主義」イデオロギーから離れようとする明確な動きがある。移民たちには自分の固有の文化を維持してゆく一切の権利があり、非合法な行動を慎むことを別にすれば、受け容れ国の文化に合わせていくよう期待されるべきではない——たとえ彼らがその国の国民になったとしても——と、多文化主義者たちは主張してきた。なんら驚くべきことではないが、「多文化主義」から離れようとするこの動きは相当に醜悪な形態をとる場合がある——人種差別、外国人恐怖、さらには移民排斥の暴力など。多元文化主義がエリートの意見を牛耳った結果、だれもその見方に異議を唱えにくくなってしまった。異議を唱える者はたいてい人種差別主義者や民族排外主義者やそのたぐいと見なされたからである。

他においてと同様、移民文化という問題においても、全部を可とする極端と全部を不可とする極端のあいだに妥当な、節度ある立場がある。民主主義において、ひとには自分の家族の伝統——言葉、宗教、習俗など——を守る権利があるとするのは明らかである。だが、社会にはそれ固有の歴史的文化を維持していく権利があり、もし新参者がその社会の一部になりたいなら固有の文化に対して一定程度の忠誠を確約すべきだということも明らかである。ここですぐにわかる問題は、許容できる差異と許容できない差異を画す一線をどこに引くかということである。

近年、とりわけイスラム過激派による西洋への暴力的侵入以来、文化的関心は主としてイスラム移民に向けられてきた。法律に従うという最低限のことをのぞいて、移民は受け容れ国の文化に順応するよういささかも強制されてはならない、と主張するヨーロッパ人はいまだにいる。その一方には移民の全面的文化適応を主張する人々がいる。ここにも中庸の立場がある。すでにのべたように、われわれが思い描いているのはある種の優先順位である——固有文化のうち明らかに容認できない事項（たとえば女性の「名誉殺人」）、明らかに容認可能な事項（たとえばイスラム信徒従業員の宗教的義務の尊重）、そしてグレーゾーンに属す事項だ。

もちろん問題なのはグレーゾーンである。モスクが異教徒に対する暴力を直接に助長してはいないが、すべての異教徒を「真の宗教の敵」と規定する教義を教えているとき、当局は干渉すべきであろうか？（一般に、言葉と行動を画す一線は細いものである）。イスラム信徒たちには公共の空間に礼拝の場所をもつ権利があるが、ある都市の物理的特徴を何世紀にもわたって決定してきたキリスト教の聖堂の真向かいに、もしモスクの建設が計画されたとして、それに反対する正当な根拠があるだろうか？　前章までにあげてきた事例でわかるように、このリストは容易に拡大することができよう。こうした問題には明快な解答など存在しない。開放性とプラグマティズム、また移民と歴史的にその地に根ざした集団メンバー双方の権利に対する敬意の精神からアプローチするほかないのである。

ここでの根本的な問題は共同体がその帰属境界をどう定義するかである。もしまったく境界など存在しないというのであれば、共同体というものがそもそも存在していまい。どんな「われわれ」も「彼ら」の存在を前提としているのだが、「彼ら」をどう定義するか、そして彼らが人間としての尊厳をもってあつかわれるかどうかが、道徳的・政治的問題なのである。

帰属の境界。すなわち「われわれ」とはだれであり、「彼ら」とはだれなのか？　多くのひとはこの二項対立を国際的なスポーツ・イベントで無意識のうちに定義している。それゆえ英国とパキスタンが戦ったクリケットの最近の試合で、パキスタン人を先祖とする英国生まれの観客がパキスタン・チームを応援したとき、多くの英国人はショックを受けたのである。似たような事例として、メキシコがアメリカ在住の合法・非合法を問わず、国境線の北側に住むメキシコ国籍の住民に選挙権を拡大したさい、アメリカ合衆国で広がった憤激があげられる。事態をいっそう悪化させたのは、メキシコ大統領がある演説で、メキシコは国境線でストップしないと発言したことであった。

帰属の境界。ナチ占領下のヨーロッパにおける最も感動的なエピソードのひとつは、国王から下々にいたるデンマーク社会のすべてが、決然たる、また非常によく組織された行動によって、デンマークに居住するユダヤ人全員を救出した話だ。それによってゲシュタポの眼前で、何千人というユダヤ人が対岸の中立国スウェーデンに運ばれたのである。戦後、アメリカのユダヤ人使節団がデンマークの首相を訪問したとき、使節団の団長はこう言った。「わが民族のためにあなたがたがなさったことに感謝するためわれわれは来ました」。すると首相はこう答えた。「われわれはあなたがたの民族のためには何もしていません。われわれはわれらが国民のためにそうしたのです」。もちろん彼が言いたかったのは、救出行動は「彼ら」のために――つまりよそ者のために――何かをやろうとして実行されたのではないということだ。反対に、救出されたユダヤ人たちは「彼ら」ではなく、むしろ「われわれ」――つまりデンマークという国民共同体の正規のメンバー――なのである。どのように境界線が引かれるか、これと反対の（一般的にはずっとドラマチックでない）例をひとつ、現代のドイツからあげておこう。かの国のリベラルな集団は最高の善意をもって「外国人に対する敵意」に反対するキャンペーンを実施した――その想定された受益者のなかには、ドイツ生まれでドイツ国籍をもつ「外国人」が含まれていたのである。おなじような言葉の矛盾は「ドイツ人とユダヤ人の対話」を促進するプログラムにも見ることができる――というのも、それは両者が二つの矛盾するアイデンティティであることを（まぎれもなく意図せずして）前提にしているからである。

*

もし本書の議論に功績があるとすれば、自由民主主義の価値観は個別の歴史的発展からすれば相対的なものであるが、にもかかわらずそれは普遍的な権威を正当に主張できるとした点にある。われわれは自由や権利を自分のために主張し、この主張をたんなる意見や好みのレベルにおとしめることはできない――あたかもそれはひとが「私はモーツァルトが好きだけど、君はベートーヴェンが好きでもかまわないよ」と言うのとおなじ口調で「私は拷問を非難するが、それに賛成しないあなたの権利は尊重するよ」と言うようなものである。節度の政治学は相対主義とファンダメンタリズムの両方を避けて進むけれども、それは本書のなかでわれわれが説明しようと試みてきた、人間の条件の認識に由来する中核的価値観を擁護しようとする真の情熱によって導かれてもいる。懐疑に対するわれわれの讃美はいささかもそのような情熱の価値を減じようとするものではないのである。

# 訳者あとがき

本書はPeter L. Berger and Anton C. Zijderveld, *In Praise of Doubt : How to Have Convictions without Becoming a Fanatic*（New York : HarperOne, 2009）の全訳である。書名を直訳すれば『懐疑を讃えて――いかにすれば狂信家となることなく確信をもてるか』とでもなるが、いささか長すぎるサブタイトルを、内容の理解に資するであろう短いフレーズに入れ替え、『懐疑を讃えて――節度の政治学のために』とした。

「謝辞」にあるように、本書はピーター・バーガーがアントン・ザイデルフェルトを共著者に迎えて書いた本である。二人の人物を紹介しておこう。

まずはバーガー。社会学を少しでもかじったことのあるひとならだれでも知っている、現存する社会学の最高の巨匠のひとりである。一九二九年にオーストリアのウィーンに生まれ、第二次大戦後まもなくアメリカへ移住、ニュースクール・フォー・ソーシャルリサーチに学んで社会学者・神学者となった。一九九九年までボストン大学教授をつとめ、現在は同大学名誉教授となっているが、いまでも同大学文化・宗教・国際問題研究所の上級研究員の地位にあり、現役時代と同じ研究室にいるそうである。
バーガーといえば、何といっても本文中にもあげられているトーマス・ルックマンとの共著 *The Social Construction of Reality : A Treatise in the Sociology of Knowledge* (New York : Anchor Books, 1966)(邦訳は山口節郎訳『現実の社会的構成』新曜社)が有名で、これによって彼らは社会学にパラダイム革新をもたらしたのであるが、論じるテーマはそうした理論社会学、知識社会学のほか、宗教社会学、近代化論、第三世界論、資本主義論、政治社会学、家族社会学、神学、あるいはユーモア論と、驚くほど多彩で、著作は膨大な数に達する。そのうち邦訳があるもののみを以下に列挙しておこう。

『社会学への招待』水野節夫・村山研一訳、新思索社(原著一九六三年)
『聖なる天蓋――神聖世界の社会学』薗田稔訳、新曜社(原著一九六七年)
『天使のうわさ――現代における神の再発見』荒井俊次訳、ヨルダン社(原著一九六九年)
(B・バーガーとの共著)『バーガー社会学』安江孝司ほか訳、学習研究社(原著一九七二年)
『犠牲のピラミッド――第三世界の現状が問いかけるもの』加茂雄三ほか訳、紀伊國屋書店(原著一九七四年)
(B・バーガー、H・ケルナーとの共著)『故郷喪失者たち――近代化と日常意識』高山真知子ほか訳、新曜社(原著一九七四年)

『異端の時代――現代における宗教の可能性』薗田稔・金井新二訳、新曜社（原著一九七九年）
（H・ケルナーとの共著）『社会学再考――方法としての解釈』森下伸也訳、新曜社（原著一九八一年）
編著『神の知られざる顔――宗教体験の根本構造』岩松浅夫ほか訳、教文館（原著一九八一年）
『癒しとしての笑い――ピーター・バーガーのユーモア論』森下伸也訳、新曜社（原著一九九七年）
『現代人はキリスト教を信じられるか――懐疑と信仰のはざまで』森本あんり・篠原和子訳、教文館（原著二〇〇四年）

かくして本書はバーガーの著作の邦訳としては一三冊目にあたるが、旺盛な著作活動はなお衰えず、ごく最近も *Adventures of an Accidental Sociologist : How to Explain the World without Becoming a Bore*（New York : Prometheus Books, 2011）という自伝的な作品を刊行したばかりである。

一方の著者ザイデルフェルトは、一九三七年、当時オランダ領であったインドネシアのナランに生まれ、オランダのユトレヒト大学などで学んで社会学者・哲学者となった。二〇〇二年までロッテルダム大学教授をつとめ、現在は同大学名誉教授であるが、一方で二〇〇九年までオランダ・キリスト教民主同盟顧問の地位にあった。こちらも理論社会学、文化社会学の領域を中心に非常にたくさんの著書があるが、邦訳されているのは以下の二点のみである。

『抽象的社会――現代の文化分析』居安正訳、ミネルヴァ書房（原著一九七〇年）
『クリーシェ――意味と機能の相剋』那須寿訳、筑摩書房（原著一九七九年）

これまた著作活動に意欲的であり、最近もバーガーの『癒しとしての笑い』の向こうを張って『ひとはなぜ笑うのか』というユーモア論を出したところである。ちなみに、ロッテルダム大学の正式名称は当地出身のルネッサンスの巨人エラスムスにあやかってエラスムス・ロッテルダム大学で、さきのバーガーの自伝的著作によれば、『懐疑を讃えて』という本書のタイトルは、エラスムスの代表作『痴愚を讃えて』（邦訳名は『痴愚神礼讃』）にひっかけた「内輪のジョーク」だそうである。

本書のなかで二人の著者が取り組んでいるのは、相対主義とファンダメンタリズムという現代世界をむしばむ両極の精神の熱病を根治し、それに代わる希望の道をしめすという難題である。さすが碩学、彼らは目もくらむばかりの多種多様な素材を用い、ときにユーモアをまじえながら、この難題を説得的に分析し、最後には王道的な解決策をけれん味なく提案する。読者にはそのあざやかな手際を存分に楽しんでいただきたいが、論旨は大要以下のようである。

文化の多元化を必然的に促進する近代社会にとって、宗教や道徳を含む世界観と価値体系の相対化は不可避の運命であるが、その結果、人々はたえず実存の危機にさらされるようになる。相対主義とファンダメンタリズムは、この心理的不安をかき消そうとする両極端の心理的防衛反応である。しかし、投げやりなニヒリズムを本質とする相対主義も狂信を本質とするファンダメンタリズムも、ともに断固拒否されなければならない。なぜなら、両者ともに理性を麻痺させ、社会をバラバラに解体するか圧政に導くからである。

では相対主義とファンダメンタリズムという熱病に対する最強の解熱剤は何か。それが本書のタイトルにもなっている「懐疑」である。理性の最高の働きである懐疑の精神をつねにたもち続けることによって、はじめてわれわれはニヒリズムにも狂信にもおちいることなく、真の道徳的確信に近づくことができるのだ。そのような道徳的確信の基盤は、相対主義がその存在を否定し、ファンダメンタリズムがその存在を詐称する人類の普遍的価値でなければならないが、人間の尊厳あるいは基本的人権こそ懐疑の余地のない絶対的価値、揺るぎない普遍的価値にほかならない。また懐疑そのものもそうした基本的人権の重要な一部なのだから、懐疑の政治的制度化たる立憲民主主義は、逆説的にも懐疑の余地のない普遍的価値をもっているのである。

以上のことを踏まえながら、著者たちは最後に「節度の政治学」なるものを提唱する。すなわちそれは、あくまでも人間の尊厳と自由という普遍的価値に立脚しつつ、いつでも懐疑の精神を発揮し、責任倫理的なかまえで個々の現実的な道徳的・政治的問題に対処することによって、価値の共有地を一歩一歩ゆっくり広げていこうとする政治学である。というと抽象的でわかりにくいが、死刑制度、拷問、妊娠中絶といった具体的問題に対する著者たちの扱い方を読めば、それがいかに冷思う。

静沈着で用意周到な、しかしとてもヒューマンな希望の政治学であるかがご理解いただけるものと

さて、本書の出版にあたっては、新曜社編集部の渦岡謙一さんに大変お世話になった。氏の熱心なサポートがなければ、出版そのものがなかったし、あってもさらに大きく遅れていたであろう。深謝するしだいである。

また、翻訳に際し、いつも原書のわからないところを教えていただく金城学院大学の鈴木紀之先生には、今回もまた親切にしていただいた。ありがとうございました。

バーガーの著作の翻訳は私自身三冊目であるが、最初は彼の代表作『現実の社会的構成』を訳された恩師の故山口節郎先生に勧められて『社会学再考』を訳したのであった。私にとって最初の翻訳の仕事で、先生が手とり足とり懇切丁寧に指導してくださったおかげで、なんとか訳業の完成まで到達できたのである。その先生が昨秋、私が本書の校正でもたついているあいだに、まだ七十一歳の若さでお亡くなりになった。本書を先生の御霊前に捧げる。

二〇一二年二月

森下伸也

# 索　引

## さ　行

## た　行

## な　行



## は　行

## ま 行

## や　行



## ら　行



## わ　行

**著者紹介**

ピーター・バーガー（Peter Berger）

1929年，オーストリア生まれ。ボストン大学名誉教授。
邦訳著書に，『現実の社会的構成』『聖なる天蓋』『社会学再考』（ともに新曜社）ほか多数。詳しくは「訳者あとがき」参照。

アントン・ザイデルフェルト（Anton Zijderveld）

1937年，インドネシア生まれ。ロッテルダム大学名誉教授。
邦訳著書に，『クリーシェ』（筑摩書房），『抽象的社会』（ミネルヴァ書房）など。詳しくは「訳者あとがき」参照。

**訳者紹介**

森下伸也（もりした　しんや）

1952年鳥取県生まれ。京都大学文学部卒業，大阪大学大学院人間科学研究科博士課程修了。長崎大学助教授，金城学院大学教授などをへて，現在，関西大学教授。
著書に，『ユーモアの社会学』（世界思想社），『もっと笑うためのユーモア学入門』（新曜社），『逆説思考』（光文社新書）など。訳書にP. バーガー『癒しとしての笑い』（新曜社），P. バーガー，H. ケルナー『社会学再考』（新曜社），C. ラッシュ『エリートの反逆』（新曜社）など。



新曜社　**懐疑を讃えて**
節度の政治学のために

---

初版第１刷発行　2012年３月９日©

著　者　ピーター・バーガー
　　　　アントン・ザイデルフェルト
訳　者　森下伸也
発行者　塩浦　暲
発行所　株式会社　新曜社
〒101-0051　東京都千代田区神田神保町 2-10
電　話(03)3264-4973・FAX(03)3239-2958
e-mail　info@shin-yo-sha.co.jp
URL　http://www.shin-yo-sha.co.jp/

---

印刷　星野精版印刷　　Printed in Japan
製本　イマヰ製本所
ISBN978-4-7885-1279-5 C1036